JN418693

베를린 코드
berlin code

베를린 코드

이동준의, 베를린 누드 토크

글 · 사진 이동준

초판 1쇄 2010년 4월 27일
초판 2쇄 2010년 7월 1일

펴낸 곳 도서출판 GASSE [제 302-2005-00062호]

주소 서울 용산구 한강로1가 용산파크자이 D 606
전화 02.2071.6866
팩스 02.2071.6877
인쇄 정민문화사

ISBN 978-89-93489-06-4
값 13,800 원

www.gasse.co.kr

이동준의, 베를린 누드 토크

베를린 코드
berlin code

gasse · 가쎄

베를린 코드
berlin code

차례

베를린 코드
berlin code

연애를 인터뷰하다 이동준의, 베를린 누드 토크

베를린 코드
berlin code

PLEASE
ASK FOR PHOTOS
DANKE - MERCI.

529
Ar
als
50
in
the
→h

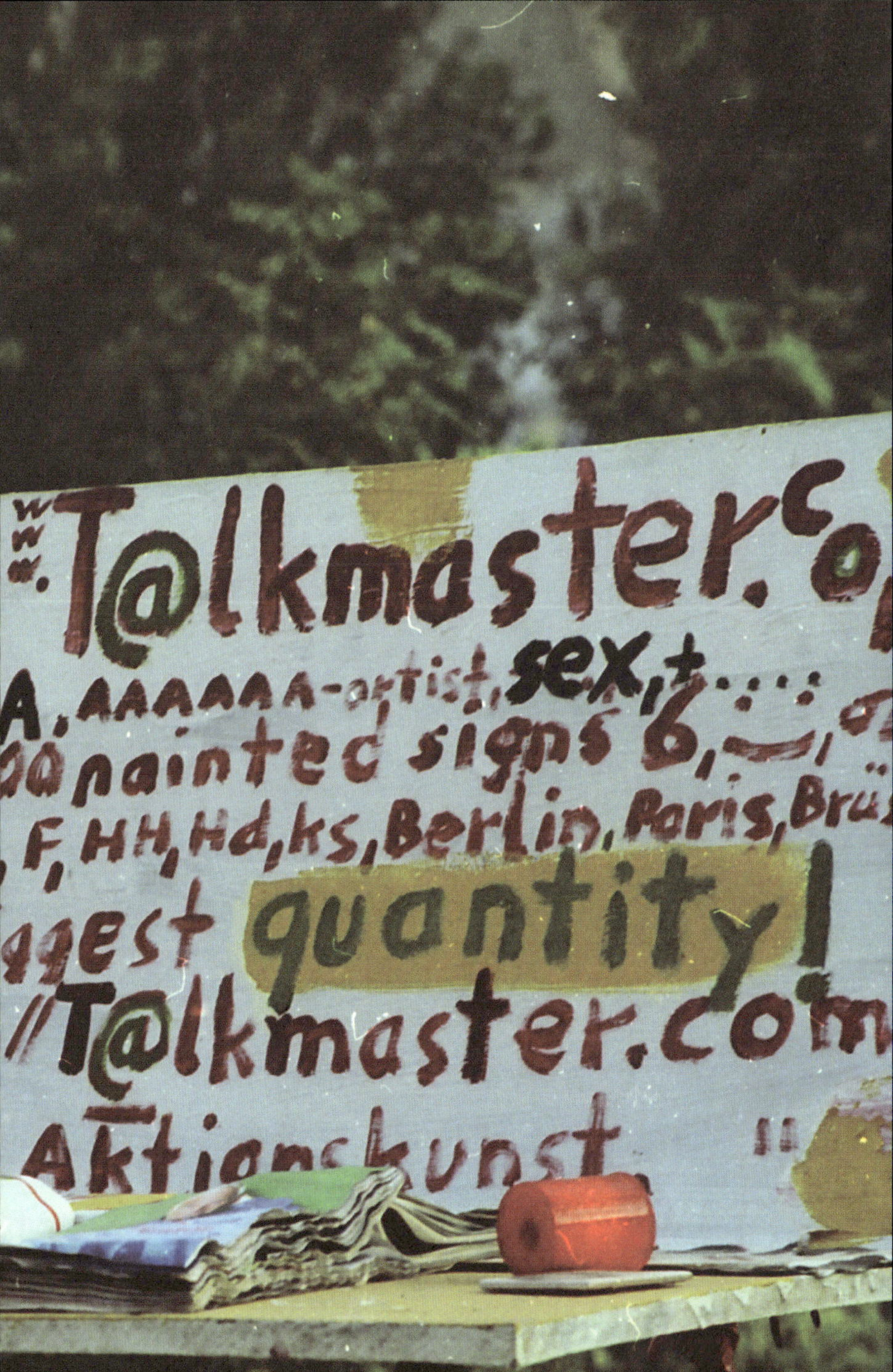

T@lkmaster.
sex,
A, AAAAAA-artist,
painted signs 6,
F, HH, Hd, ks, Berlin, Paris,
quantity!
T@lkmaster.com
Aktionskunst

인트로

"팀, 넌 베를린을 한마디로 정의하라고 하면 뭐라 그러겠니?"

"베를린이라.. 으음, 얼굴에 주름살이 가득한 노파?"

네덜란드 사람인 팀은 골판지위에 사진을 몽타주로 붙여서 관광객들에게 파는 예술가다. 늘 맥주가 가득 찬 배낭을 짊어지고 강아지 비보와 함께 다닌다.

"안드레아스, 넌?"

"베를린? 유럽에서 가장 값싼 메트로폴리스."

동독 출신인 안드레아스는 철저한 실리주의자다. 고집스럽게 사과만 그리는 화가라고 뉴욕 소호에까지 소개된 안드레아스는 어떡하면 돈을 버는지 아는 몇 안 되는 젊은 화가 가운데 하나다. 요즘은 가끔씩 개구리, 레몬, 거위머리, 누드도 그리기 시작했다. 엄청난 변화다.

여기는 베를린. 몇 년 안 된 유학생활에 내가 달고 있는 훈장은 장르를 구분하지 않는 다채로운 아르바이트 경력과 지지리도 친구들을 속 썩이던 네 번의 이사.
요즘은 집에서 전화가 올 때마다 거짓말을 하는 게 입에 배어버렸다.
"아무것도 걱정 말고 네 생각만 해라." "네" "얼른 박사 따서 돌아와야지" "네" 하지만 가장 결정적인 거짓말은 "공부는 잘 돼가지?" 하고 물어보는 엄마에게 "예!" 하고 우렁차게 대답할 때다.
아니, 공부는 잘 안되고 시간은 훨훨 날아간다.

몇 주일 전부터 우연히 젊은 화가들과 지내는 시간이 부쩍 많아졌다. 난 그림 그리는 인간들을 도무지 이해할 수가 없다. 사람을 그리라고 하면 동그라미 하나 그리고 생선가시처럼 선으로 직직 그어 버릴 줄 밖에 모르는 나에게 화가란 영원히 경이로운 대상이다.

요즘 거의 매일 만나는 비앙카라는 친구에게 난 어떻게 해서 그림을 그리게 되었냐고 물었다.
비앙카의 대답은 의외로 간단했다.
"누구나 자기를 표현할 수 있는 방법을 하나쯤은 가지고 있기 마련이야.
그 가운데 내가 나를 표현하는 방법이 그림일 뿐이지."
그렇다면 내가 나를 표현하는 방법은 무얼까? 글쓰기? 노래방에 가서 악쓰기?

명색은 박사과정이지만 정작 내 촉수를 자극하는 건 베를린이라는 도시, 그리고 이 안에 살고 있는 사람들이다. 서울의 1.5배 면적에 인구 350만, 그 중 외국인은 약 43만 명이고 동성애자가 10만 명 정도 살고 있다는 메트로폴리스.

현재 베를린 시장은 몇 년 전 동료의원들과 기자들 앞에서 "여러분 혹시 아시는지 모르겠습니다만, 저는 동성애자입니다." 하고 커밍아웃을 해서 기립박수를 받았던 사람이다.

나치의 박해가 시작되기 전 소위 '황금의 20년대' 에는 파리와 함께 문화와 예술의 중심지였다는 이곳에서 난 문화를 대하는 방식을 처음부터 다시 배웠다. 언제나 오픈 할 것. 색안경을 벗고 모두에게 평등할 것. 식상하는 말이지만 꼭 그렇지만도 않다. 커피를 마시러 카페에 갔는데 남자 웨이터가 날 꼬시려 하고, 청소부 아줌마가 2주일간 스페인으로 휴가를 다녀오고, 길 지나가는 아이 엄마는 한 손으로 유모차를 끌면서 다른 한 손으로 담배를 피운다. 모두가 다 아는 얘기를 내가 또 다시 하는 이유는 그게 당연하지 않은 곳도 아직 많기 때문이다.
물론 그렇다고 해서 모두가 그래야 한다는 건 아니다. 그건 아니다.

베를린으로 유학을 오기 전, 내겐 세 가지 꿈이 있었다. 먹물냄새가 안 나는 글, 진지하면서도 재미있는 글을 쓰고 싶다. 멋지게 사진을 찍고 싶다. 그리고, 근사한 사랑을 하고 싶다.
난 과연 이곳에서 세 가지 꿈을 모두 이룰 수 있을까?

Berlin
Berlin
WHEN I DREAM ABOUT
POTSDAMER PLATZ 200,- DM

아주 솔직하고 조금 긴 머리말

틈새가 많은 도시,

자유롭고 가난하고 섹시한 도시,

당신보다 조금 먼저 그 도시와 사랑에 빠진 한 남자의 베를린 이야기

하필이면 왜 그 타이밍이었을까. 1997년 겨울, 우리나라가 외환위기를 겪으며 IMF 구제금융을 받기 시작할 무렵에 난 프랑크푸르트를 경유하는 베를린 행 비행기에 올랐다. 언제 돌아올 수 있을지도 모르는 긴 여행의 시작이었다.

트렁크 두 개에 책만 가득 담았는데도 무게가 60킬로그램이 넘었다. 물어야 할 벌금을 생각하면 끔찍했지만 어쩔 수 없었다. 지난봄에 미처 챙겨가지 못한 사전류와 책들만 추리고 추렸는데도 그 무게였다. 그런데 슬금슬금 눈치를 보며 비행기 티켓을 내미는 나에게 공항직원이 이렇게 말했다.

"가방 하나는 그냥 들고 타세요. 빈자리에 올려놓으시면 되요"

비행기 좌석은 절반 이상이 텅 비어있었다. 지금도 그 장면이 눈에 선하다.

기내 분위기는 망명객을 실어 나르는 피난선처럼 암울했고, 여행기분에 들떠서 수다를 떠는 사람은 단 한 명도 없었다. 환율이 두 배로 치솟아서 나라가 망해가고 있는 이 마당에 굳이 비행기를 탄 자신들이 마치 죄인이라도 된 듯 모두가 침통한 표정을 하고 있었다. 활주로에는 을씨년스런 겨울비까지 내리고 있었다.

비행기가 이륙하고 두 시간 쯤 지나자 스튜어디스가 다가와서 남은 음식이 너무 많으니 제발 뭣 좀 더 먹으라고 자꾸 말을 걸었다.

같은 해 봄, 난 이미 베를린에 도착해서 짐을 풀었고 기숙사도 구했다. 지도교수와 면담을 하고 곧바로 박사과정 수업을 듣기로 했다. 그리고 장학금을 받을 수 있는 시험을 보기 위해 잠시 서울로 돌아왔다. 받을 수 있을 거라 생각했고 장학금을 전제로 가족을 설득해서 감행한 유학이었다.

하지만 결과는 탈락이었고 때마침 IMF 위기가 본격적으로 시작됐다. 막막했다. 과외아르바이트를 해서 모은 유학자금은 이미 다 써버리고 난 뒤였다. 가족들에게 6개월 동안만 최소한의 도움을 받기로 하고 난 다시 비행기를 탔다.

어떻게든 되겠지. 그래도 박사학위는 받아야지.

사람들은 독일 하면 제일 먼저 어떤 이미지를 떠올릴까? 클래식의 나라? 제 2차 세계대전을 일으킨 나쁜 나라? 하지만 한편으론 50년 가까이 분단의 상처를 안고 살았기 때문에 우리와 왠지 친근하게 느껴지는 나라가 독일이다. 그리고 빠질 수 없는 게 맥주다. '독일' 하면 누구나 맥주와 소시지를 떠올릴 만큼 독일은 맥주의 나라다. 살면서 겪어보니 정말로 그랬다. 오만가지의 맥주와 소시지가 있었다. 심지어 맥주가격이 물보다 쌌다. 베를린에 사는 8년 동안 25미터 풀장 하나를 가득 채울 정도의 맥주를 마시면서 내가 경험한 바에 의하면 독일맥주는 정말로 맛있다. 소시지도 물론 맛있다.
그리고 전혜린이 유학을 했던 나라. 그녀는 수많은 사람들에게 독일과 뮌헨의 슈바빙 거리에 대한 로망을 심어주었고 실제로 많은 젊은이들이 그녀를 생각하며 독일로 유학을 가기도 했다. 벌써 오래전 일이지만 여전히 중년층은 물론이고 젊은 사람들까지 독일에 대한 로망과 전혜린을 등치시키는 경우를 자주 본다.
나 역시 중학교 3학년 때 그녀의 유고 수필집 〈그리고 아무 말도 하지 않았다〉를 읽었다. 물론 그래서 내가 독일로 유학을 떠난 건 결코 아니었다. 사실 독일 유학은 꿈도 안 꿨다. 초등학교부터 고등학교를 졸업할 때까지도 나의 꿈은 법학을 전공해서 셜록 홈즈 같은 훌륭한 사람이 되는 거였다. 도대체 그게 무슨 조합인지 모르겠지만 난 나름대로 진지했다. 정말이다.

내가 독문학을 전공하게 된 건 순전히 우연이었다. 우연이라고 표현하는 건 독문학이 싫어서가 아니다. 나름 문학소년이었으니 어문학을 전공한 건 충분히 그럴 수도 있는 일이었다. 다만, 한 사람의 인생을 좌지우지 할 수도 있는 엄청난 선택을 본인의 의지와는 상관없이 해버렸기 때문에 그렇게 표현할 수밖에 없다.

내가 대학입시를 치르던 시절까지도 수험생들은 학력고사 성적에 맞춰서 학교와 학과를 선택했고 복수지원의 여지는 전혀 없었다. 단 한 번의 선택. 개중에는 전공보다 학교를 먼저 고려하는 경우도 많았다. 대개는 집안의 압력도 작용했다. 내 경우도 그랬고 얼떨결에 점수에 맞는 학교의 학과를 선택했다.

여기까지는 80년대 입시제도의 모순이 낳은 비극이다.
그런데 막상 입학하고 보니 독문학이 적성에 맞았다. 독일어는 많은 사람들이 생각하듯 그렇게 딱딱한 언어가 아니었고, 남들이 못하는 낯선 외국어를 한마디씩 배울 때마다 쾌감도 컸다. 심지어 독일문학의 매력에도 흠뻑 빠졌다. 결국 학부를 마치고 난 뒤에는 대학원까지 졸업했고 수순처럼 유학을 준비했다. 그런데 그게 하필이면 가장 어려운 시절에 가진 것 없이 떠난 유학이었다. 상황이 그렇다보니 날 기다리고 있는 건 낭만적인 유학생활이 아니라, 아르바이트 인생이었다.

베를린으로 돌아오자마자 난 사무직부터 인쇄소 잡일, 관광가이드까지 돈 되는 거라면 가리지 않고 덤볐다. 그렇게 3년쯤 지내다 우연히 주독일 한국 대사관의 현지직원으로 반나절씩 일을 하게 되면서 경제적으로는 숨통이 트였지만 대신에 학업과는 조금씩 멀어지기 시작했다. 그런데 그게 다가 아니었다. 3년 만에 겨우 제대로 정착을 하고 나자 이번에는 베를린이란 도시가 나를 가만 놔두지 않았다.

베를린은, 뭐랄까, 티 나지 않게 사람을 중독 시키는 매력을 지니고 있었다. 다양한 클럽과 공연장, 카페와 바, 어느 방향이건 10분만 걸어가도 어김없이 나타나는 공원과 도서관, 체육관과 수영장까지 인간에게 편리한 거의 모든 것이 갖추어져 있는데도 전혀 티 나지 않는 도시가 베를린이었다. 게다가 서로 상극인 두 개의 문화가 공존하고 있는 도시. 분단의 상징이었던 베를린 장벽은 무너졌지만 그 도시엔 여전히 자본주의와 사회주의 문화의 잔재가 고스란히 남아있었다. 트램을 타고 10분만 달려도 창밖 풍경이 자본주의에서 사회주의로, 초현대식 고층빌딩에서 삭막한 아파트와 허물어져가는 폐허로 바뀌는 도시가 베를린이었다. 그뿐만이 아니었다. 전 세계의 여느 대도시보다 심지어 물가도 쌌다.

그랬다. 박사학위 취득을 목표로 시작된 나의 유학생활은 어느새 '유학' 보다 '생활' 에 더 큰 방점이 찍혀있었고, 난 어느새 베를린의 뒷골목을 뒤지며 수많은 사람들, 그중에서도 특히 가난한 예술가 아니면 성적 소수자, 때로는 과격한 맑시스트처럼, 주류사회에 안착하지 못한 사람들을 만나고 있었다. 세미나에 출석하는 횟수는 점점 줄어들었고 언제부턴가 사람들이 전공을 물어보면 난 '독문학' 이 아니라 '베를린' 이라고 대답하고 있었다. 때마침 한국의 잡지에 글을 쓸 기회까지 생겼다. 그때부터였다. 난 대사관 근무를 마치고 나면 오후에는 양복을 벗고 카메라를 짊어지고 본격적으로 거리로 나섰다. 그렇게 매달 베를린 사람들을 인터뷰하고, 잡지에 칼럼을 쓰고, 사진을 찍었다. 지도교수님의 얼굴은 점점 더 가물가물해졌지만 베를린의 거리를 헤매고 다니며 세계 각지에서 온 예술가들을 만나서 그들의 사연을 듣는 시간은 미안할 정도로 행복했다.

그러던 어느 날, 문득 다시 한국으로 돌아가고 싶단 생각이 들었다. 앞만 보고 무작정 달리던 포레스트 검프가 어느 날 갑자기 멈춰 서서 피곤하다고, 이제 집으로 돌아가고 싶다고 말하던 영화 속 장면이 떠올랐다. 지금 이 생활을 접지 않으면 영원히 이 도시를 떠나지 못할 것 같았다. 치명적인 이 도시의 매력에 더 이상 중독되면 영원히 벗어나지 못할 것 같았다.
막내아들이 박사학위를 따서 돌아오기만 기다리며 많은 걸 양보하고 참아준

부모님을 생각하면 차마 낯을 들 수 없을 만큼 민망하고 죄스러웠지만 그보다 중요한 건 내 인생이었다. 떠날 때도 내 인생이 가장 중요했듯이 지금은 돌아가는 게 내 인생에서 가장 중요한 결정이라고 생각했다. 학업은 포기하자. 그리고 돌아가자. 언젠가 또다시 떠나고 싶은 순간이 찾아올지 모르지만 일단 가자. 가족들이 있는 그곳으로 돌아가자.

지지부진한 학업을 포기하고 난 8년 동안 끌어안고 살아온 책들을 버리기 시작했다. 절반쯤은 중고서점에 내다 팔기도 했다. 브레히트, 카프카, 발터 벤야민…. 솔직히 말하면 책이 한 권씩 내 손을 떠날 때마다 몸도 마음도 그만큼 가벼워졌다. 뭘 하고 살건 이제 그만 돌아가자. 난 영원한 이방인으로 남고 싶지 않다. 목표와 결과는 다를 수도 있다. 스스로 만족한다면, 후회하지 않는다면 계획은 중간에 얼마든지 바뀔 수도 있다. 계획을 수정하고 돌아설 수 있는 용기가 때론 더 훨씬 더 중요한 것이다….

서울로 돌아온 지 5년. 요즘도 가끔 생각한다. 만일 그때 장학금을 받았더라면, 우리 부모가 부자라서 돈 걱정 안하고 유학생활을 했다면 난 결국 학위를 받아서 돌아왔을까? 대답은 '아니!' 다. 나보다 더 어려운 환경 속에서도 꿋꿋하게 아르바이트와 학업을 병행해서 결국 학업을 마치고 돌아오는 사람들을 난 주변에서 많이 봤다. 나보다 훨씬 부유한 환경에서 자랐고 그래서 돈 걱정 없이 유학을 왔지만 사치스런 생활에 젖어서 망가지는 유학생도 물론 여러 명 봤다.

그러니까 이 책은 의지가 약한 나의 유학실패기일 수도 있고, 공부보다 다른 샛길로 빠져든 어느 유학생의 이상한 유학일기일 수도 있다. 처음 마음먹었던 목표는 이루지 못했지만 그보다 훨씬 더 중요한 걸 얻어서 돌아온 어느 유학생의 아주 개인적인 일기, 혹은 베를린 문화탐방기로 읽혀져도 좋겠다.

이 책은 몇 년 전 출간된 〈Catch the Berlin, 언더 더 베를린〉을 다시 손질해서 만든 책이다. 원고의 절반 이상은 〈페이퍼〉, 그리고 지금은 폐간된 잡지 〈런치박스〉에 실렸던 글이다. 굳이 개정판이란 표시를 하지 않은 이유는 대부분의 원고를 새로 손질했고 심지어 절반 가까운 원고를 새로 담았기 때문이다. 지나간 추억에 덧칠을 하는 게 왠지 모양새 빠져 보이지만 그래도 다시 만들고 싶었다. 끝내 아쉬운 부분이 있었고, 그땐 미처 하지 못했던 얘기들도 많아서 부끄러움을 무릅쓰고 다시 만들었다. 형식 불문, 장르 불문하고 다양한 이야기들을 담았더니 글마다 들쑥날쑥이다. 하지만 어쩌면 이게 베를린의 본질인지도 모른다.
전문가가 아니라 정확히 표현은 못하겠지만 베를린의 건축양식만 해도 그렇다. 겉으로 보면 소박하고 우중충하고 질서도 없어 보이지만 정작 문을 열고 안으로 들어서면 딴 판이다. 친절하고 편안하다. 겉에서 보고 상상했던 것보다 공간도 훨씬 넓다.

희망사항이지만 이 책이 베를린의 어느 건축물 같은 책이 되었으면 좋겠다. 두서없는 이 책의 글들이 베를린 여행을 준비하는 사람들, 어느 나라가 되었건 유학을 준비하는 학생들에게 심적으로 조금이나마 도움이 되었으면 좋겠다. 여행정보서나 유학 수기는 아니지만 그보다 더 본질적인 고민과 두려움을 상쇄시키는데 조금이라도 도움이 되었으면 좋겠다.

해외여행이나 유학을 마음속으로만 꿈꾸며 사무실 책상을 지키고 있는 독자들에게는 약간의 대리만족을 드릴 수 있었으면 싶다. 나 역시 다른 사람이 쓴 책을 읽으면서 쿠바를 상상하고 베트남의 거리를 활보하는 꿈을 꾼다.

다른 나라의 다른 도시를 꿈꾼다는 건 그 자체만으로도 신나고 가슴 설레는 일이다. 이 책을 읽는 독자들도 그럴 수 있다면 정말로 행복하고 감사하겠다.

우리는 지금 중세로 돌아간다 – 독일의 고스족

클럽 카토(KATO), 밤 열한시

뱀파이어를 소재로 한 영화 속 등장인물처럼 온통 검은 의상을 입고 얼굴에 새하얗게 화장을 한 사람들이 하나 둘씩 나타나기 시작한다. 다들 말수도 적고 행동도 느리다. 표정을 보면 몇 달 만에 처음 만난 것 같은 사람들이 서로 반갑게 악수를 하고 포옹을 하지만 목소리 톤은 조금도 높아지지 않는다. 흡사 주일 오전의 교회 앞마당 같은 분위기다. 이윽고 자정이 되면서 분위기는 점점 더 무르익기 시작하고 대여섯 명씩 무리를 지은 사람들이 어두운 골목 어딘가에서 시커먼 연기처럼 소리 없이 솟아나와 클럽 안으로 서둘러 들어선다.

고스 파티(Goth Party)가 시작되고 있다….

내가 고스 음악과 고스족의 파티에 관심을 가지게 된 건,

TV에서 본 인터뷰 때문이다. 비주류 문화를 소개하는 프로그램에서 고스문화를

berlin
code

다루는 잡지의 편집장을 인터뷰하는 내용이었는데, 방송에 출연한 편집장의 옷차림이나 스타일이 너무나 독특했다. 온통 검은색 의상에 마치 묘지에서 방금 걸어 나온 듯 하얗게 화장을 한 남자가 문화잡지의 편집장이라는 사실이 좀처럼 실감나지 않았다. 그 모습이 너무나 인상적이었던 나머지 그 날 난 당장 그가 편집장으로 있는 L'Etoile Noire라는 잡지를 샀다.

잡지에는 고딕(Gothic)이라는 말이 자주 나왔다. 고딕? 하지만 그 잡지는 건축이나 회화양식을 뜻하는 고딕과는 거리가 먼 문화잡지였고 온통 드라큘라와 흡사한 사진들, 아니면 비슷한 분위기의 음악앨범에 대한 리뷰만 실려 있었다. 막연한 호기심에서 시작된 일이었지만 그 날 이후로 난 고스(Goth)라는 이 마이너리티 문화에 점점 더 관심을 가지게 되었고, 급기야는 학습에 가까운 열의를 보이면서 심정적인 고스족이 되기 시작했다.

사전적인 의미의 고딕이란,
12-16세기 서유럽에서 널리 행해진 건축양식, 특히 13-15세기에 북유럽에서 성행했던 회화, 조각, 가구 등의 양식을 말한다. '고딕풍' 이란 '괴기', '공포', '음산' 등의 중세기적 분위기, 혹은 '무교양', '야만스런', '풍류 없는', '촌스러운' 등의 뜻을 담고 있다. 그 중에서도 가장 주목할 만한 내용은 '중세기적이고 음산한 분위기' 라는 말이다. 중세라면 아직 교회가 정치권력과 돈줄, 종교를 모두 한 손에 움켜쥐고 있던 시대 아닌가? 왜 오늘날까지도 사람들이 얘기할 때 '중세' 뒤에는 꼭 '암흑기' 라는 수식어가 따라붙는 걸까?
서양사에서 교회의 절대 권력이 극에 달했던 시대에는 타락도 역시 극에 달했고 권력의 희생양도 필요했던 모양이다. 수백 년 뒤에 한국이라는 나라에 태어났더라면 점쟁이로 살면서 부자가 되었을 아줌마들이 마녀라는 누명을 쓰고 수도 없이 화형을 당한 건 그 대표적인 경우였다. 그러니 분위기가 음산하고 암울할 수밖에. 이런 중세의 암울한 분위기를 이어받은 문화가 바로 고딕씬이다. 태생부터 다분히 언더적이고 컬트적이지 않은가. 이러한 고딕씬이 70년대의 히피와 펑크 '족' 들, 90년대의 테크노와 힙합 '문화' 사이를 비집고 밤의 유령처럼 음악 속에 본격적으로 부활하기 시작한 건 80년대 초였다고 한다. 펑크 음악에 반대하여 영국에서 처음 등장한 고딕음악은 일단 멜랑꼬리했다.

독일에서는 고스족을 '그루프티(Grufti)' 라고 부른다. '지하납골실' 혹은 '묘지' 를 뜻하는 그루프트(Gruft)라는 독일어에서 파생된 말이니까 굳이 해석하자면 '납골당 지기' 혹은 '묘지기' 쯤 된다고 할까? 그루프티들은 평상시에는 보통 사람과 똑같은 옷을 입고 직장생활을 하거나 학교에 다니지만, 고딕파티가 열리는 날이면 반나절 이상 공을 들여서 치장을 하고 자정 무렵 하나둘씩 파티장소로 모여든다.

다시, 클럽 카토

그날 밤 내가 새하얗게 화장한 핏기 없는 얼굴과 뱀파이어 복장, 온 몸에 새겨진 문신 하며, 보기만 해도 섬뜩한 고스족들이 득실거리는 클럽에 무슨 용기로 혼자 찾아 나설 생각을 했는지, 지나고 나서 생각해보면 참 가상한 일이 아닐 수 없다. 솔직히 말하면 그들의 정체도 모른 체 무턱대고 찾아갔다가 '헌혈하세요.' 하며 내 목에 이빨부터 들이대지나 않을까 하는 상상도 해봤다. 하지만 그런 불안감에도 불구하고 내가 이들을 찾아 나설 수 있었던 건, 순전히 15년의 관록을 자랑하는 불면증 때문이었다. 목도리 칭칭 감고 해뜰 때까지 안자고

버티면 자기들이 먼저 지쳐서 사라지겠지, 뭐 이런 심산이었을 게다. 처음 밥시를 봤을 때도 난 그녀가 공동묘지를 산책하고 비밀스런 장소에 모여서 주문을 외우는 사교집단에 속해있을 거라고 상상했다.

마녀 밥시와의 인터뷰, 저 그냥 잡아 가세요

카페 뒤쪽의 40평 남짓한 댄스홀이 어느새 꽉 차버렸다. 내 앞에 있는 사람도 못알아볼 정도로 캄캄하다. 게다가 어딘가에서 계속 안개 효과를 내는 포그를 끊임없이 뿜어대고 있다. 저 연기 속을 뚫고 어디선가 백조의 기사가 배를 타고 거슬러 올라올 것만 같다. 특별한 움직임이 드러나지 않는데도 다들 춤을 추고 있다는 건 느낄 수 있는, 그런 분위기. 파티라기보다 차라리 자정이 넘어서 유령들이 떠도는 안개 낀 공동묘지의 풍경 같다. 옷차림도 어울리지 않는데다

수백 명의 사람들 가운데 유일하게 동양인이었던 나는 당연히 눈에 띌 수밖에 없었지만 내게 말을 거는 사람은 아무도 없었다.
난생 처음 구경하는 희한한 분위기에 적응하지 못하고 입구에서 머쓱하게 서성거리고 있는데 인상 좋게 생긴 예쁜 아가씨 세 명이 계속 힐끔거리며 나를 쳐다본다. 난 무작정 그들에게 다가가서 말을 걸었다. 그중에서도 가장 장난기가 넘치는 빨간 재킷을 입은 밥시라는 여자에게 난 고스족에 대해 궁금했던 몇 가지를 물어보았다.

너희들은 정말로 보름달이 뜨면 공동묘지를 산책하는 게 취미야?
정말 그런 사람들이 있는지는 나도 몰라. 누구나 다 그러는 건 아니야.
너희들은 햇빛을 싫어하니?
(아주 진지한 표정으로): 내가 지금 마시고 있는 건 사실 말이지, 레드와인이 아니라 사람의 피야. 하하하.
고쓰씬이 힙합이나 테크노에 대한 대안이 될 수 있다고 생각하니?
물론이지. 이미 어느 정도는 그렇게 되었다고 봐. 적어도 독일에서는.
그루프티와 사탄의 관계는?
말도 안 되는 소리. 그런 게 다 선입견이야. 물론 사탄을 숭배하는 소수도 있고, SM(사디즘 마조히즘)씬에서도 남용하고 있지만, 우리 같은 대다수의 그루프티들과는 상관없는 극단적인 현상일 뿐이야. 그루프티 중에는 가톨릭 신자도 있고 개신교도, 심지어 이슬람교 신자도 있어.
따로 모이는 단체 같은 게 있니?
구동독 지역에 있는 라이프치히에서 1년에 한 번씩 성령강림절을 전후해서 열리는 웨이브 고딕 페스티벌(Wave-Gothic-Festival)에 해마다 2만 명이 넘는 전 세계의 그루프티들이 모여. 그밖에 특별히 다른 권익보호 단체 같은 건 아직 없어.

주로 듣는 음악은?

Gothic, Wave, EBM(Electronic Body Music), Neofolk.

그루프티가 된 계기가 따로 있니?

음악에 반해서.

음악이 좋아서 그루프티가 되었다던 밥시. 예쁘고 친절한 그녀의 똑 부러지는 말솜씨와 유머감각에 반쯤 홀려버린 난 그 날 밤, 목도리 칭칭 감고 새벽까지 버티겠다던 정신무장을 해제하고 이렇게 외치고 싶었다.

'마녀라도 상관없으니 나 좀 잡아가 주세요! 저 목도리 풀었어요!'

밥시는 베를린의 문화잡지에 글을 기고하는 프리랜서였다. 낯설고 촌스런 동양남자의 가상한 용기에 감동받았는지 그녀는 내게 그루프티에 관한 정보를 상세하게 알려주었고 그날 밤 내 눈으로 처음 목격한 그루프티의 충격적인 비주얼과 음산한 분위기, 무게감이 느껴지는 멜랑꼬리한 고딕음악에 흠뻑 빠진 나머지 이후로도 한동안 난 중세니 고딕이니 이런 것들에 흠뻑 취해서 지냈다. 그리고 그때의 인연으로 밥시는 고딕 파티가 열릴 때마다 내게 전화를 걸어서 함께 갈 생각이 있는지 꼭 물어본다. 그 중에서도 클럽 카토와 달리 베를린 시내에서 동떨어진 변두리의 허름한 창고에서 열렸던 고딕 파티는 잊을 수가 없다.

밥시를 만나기로 한 금요일,

대낮부터 일찌감치 집을 나서서 우선 고딕 의상을 전문적으로 취급하는

"X-Tra"라는 옷가게에 들렀다. 한 시간 가까이 옷가게를 이 잡듯 뒤졌지만, 동양인 중에서도 유난히 까무잡잡한 피부에 O자로 휜 숏다리를 가진 나 같은 인간에게 어울리는 멋진 의상은, 물론 없었다. 현실을 겸허하게 받아들이고 난 빨간 두건을 쓴 해골이 앙증맞게 그려진 까만 티셔츠 하나만 구입한 뒤 일단 철수, 그리곤 해가 떨어지기만 기다렸다.

자정이 조금 넘은 시간,

밥시를 따라나선 파티는 고딕의 뿌리가 되는 80년대 음악을 주제로 한 파티였다. 우린 차를 타고 30분쯤 달려서 동베를린에서도 가장 변두리의 을씨년스런 동네에 있는 허름한 창고에 도착했다. 아! 그 느낌을 뭐라고 설명하면 좋을까. 마치 중세시대 천민들의 비밀스런 사교집단을 현대판으로 재현해 놓은 분위기라고나 할까? 아니면 영화〈블레이드 러너〉의 한 장면이라고 해야 할까? 한쪽 창고에선 음악소리가 흘러나오고, 컴컴한 마당 한 구석에서는 드럼통을 뒤집어놓고 피운 장작불 위에서 소시지가 익고 있는 모습, 사이사이로 영화 〈가위손〉의 에드워드 같은 모습을 한 그루프티들이 희미한 불빛 속을 어슬렁거리며 돌아다니고 있는 이 분위기! 더구나 오늘은 나도 의상을 맞춰 입고 왔으니 낯선 여행객 취급을 받을 일도 없다.

새벽 여섯시, 여전히 잠들지 못한 영혼들

고딕 음악에 관한 설명이라면 음악 평론가 수준의 마니아들도 많을테니 그냥 조용히 꼬리를 내리겠다. 다만, 이날 내가 경험한 색다른 고딕파티에서 들었던 음악들 가운데에는 나 같은 문외한의 귀에도 익숙한 곡들이 많아서 의외였고, 그래서 더 반가웠다. daf, sex gang children, omd, anne clarke, nena, kim wilde, the cure, falco…. 엄밀하게 말하자면 고딕의 선조라고 부를 수 없는 음악도 있었지만 어차피 그런 엄격함과는 거리가 먼 파티였다. 그렇다고 고딕씬의 대부라 할 sisters of mercy나 bauhaus의 음악이 빠졌다는 건 아니다.

플로어에서 앞뒤로 몸을 휘청거리며 마치 뱃놀이를 하듯 몸을 흔들며 춤추던 모습도 잊을 수 없다. 워낙 캄캄한 데다 포그머쉰이 쉬지 않고 안개를 뿜어내기 때문에 실루엣으로밖에 보이지 않던 그 흐느적거림, 싸이키 조명과 만나는 순간 살짝 내비치던 얼굴위로 빨갛게 그려진 피눈물자국….

새벽 여섯시, 완전히 녹초가 되어버린 우리가 창고를 빠져나올 때쯤 플로어에는 신디 루퍼의 time after time이 흐르고 있었다. 밖에는 벌써 오래 전에 새벽이 찾아왔지만 무대 위에는 아직도 꽤 많은 실루엣들이 잠들지 못하고 흐느적거리고 있었다….

http://www.gothic-city.de
라이프치히 고딕 웨이브 페스티발: www.wave-gotik-treffen.de
고스 의상과 액세서리를 저렴하게 구입할 수 있는 온라인샵:
http://www.blacktribal.de http://www.dark-fashion-shop.de

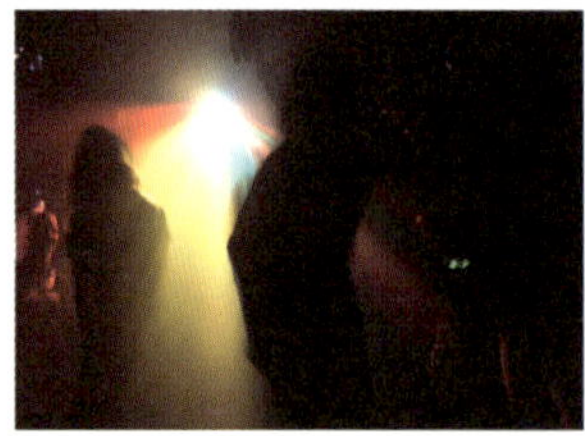

타헬레스(Tacheles) part 1.
자유로운 예술가들이 모여 사는 유령의 집

"선생이 보시기에는 이 건물이 무너지지 않고 앞으로 몇 년이나 더 버틸 수 있을 것 같습니까?"
1990년 2월, 베를린 장벽이 무너지고 몇 개월이 지난 뒤, '타헬레스' 라는 예술가 단체의 회장 레오 콘다인은 건축 전문가와 함께 폐허가 되어버린 동베를린의 한 백화점 건물 앞에 서서 이런 대화를 나누고 있었다.

그 전문가는 '10년쯤' 이라고 대답했다. 적어도 10년은 무너지지 않고 버텨줄지도 모른단 얘기였다. 그리고 얼마 후, 레오 콘다인은 타헬레스 회원들과 함께 소방차까지 동원해서 대규모 퍼포먼스를 벌이며 이 건물을 '점령' 했다. 통일독일의 수도 베를린의 국회의사당에서 불과 자동차로 5분 정도 떨어져있는 시내 한복판에 예술가들의 집단 거주촌이 만들어지던 순간이다. 동서독 통일 이후 베를린의 비주류 문화와 예술을 이해하는데 핵심적인 역할을 하는

'무단 가택점거' 의 역사는 이렇게 시작됐다.

당시만 해도 동베를린에는 2차 세계대전 이후 방치되어있던 건물이나 서독으로 망명한 동독사람들이 버리고 떠난 빈집이 지천으로 널려 있었다. 통일 이후 사람들은 이런 빈집들을 불법으로 점거하고 공동생활을 하며 대안가족을 형성하기도 했고 예술가들은 집단 창작활동을 하는 공간으로 활용하기도 했다. 대형백화점 건물을 점거한 '타헬레스' 는 그런 예술가들 가운데에서도 대표적인 경우였다.

타헬레스 회원들은 1층에 카페와 화랑, 2층에 극장과 공연장을 만들고 나머지 공간들은 넓으면 전시장, 좁으면 작업실로 꾸며나갔다. 소문을 듣고 전 세계에서 찾아드는 외국인 예술가들의 수도 점점 늘어갔다. 그로부터 10년, 당국의 철거압력에 굴하지 않고 쉴 새 없이 사고를 치던 타헬레스는 어느새 베를린의 관광명소로 알려지기 시작했고, 다 허물어져 가는 폐허더미가 내뿜는 묘한 매력과 젊은 에너지의 상품가치에 뒤늦게 눈뜬 정부에서는 철거협박을 거둬들이고 오히려 보조금까지 지원해주며 타헬레스를 예술단지로 포장하기 시작했다. 그 와중에도 이 요상한 유령의 집에서 쏟아져 나온 다국적 괴물들은 언제부터인가 독일은 물론 전 유럽의 문화 예술판을 헤집고 다니며 주류문화를 잡아먹고 있었다.

타헬레스 히스토리

지금의 타헬레스 건물이 처음 지어진 건 1906년이었다. 당시 백화점 건물이었던 타헬레스는 이후 2차 세계대전으로 인한 폭격, 동서독 분단 등의 역사적 소용돌이를 거쳐 오는 동안 언제부턴가 폐허로 방치되었고, 구 동독시절에는 한때 건물의 성한 부분이 애완견 센터로 사용되기도 했다.

1990년 2월 이후 건물을 차지한 타헬레스와 도시계획을 추진하는 담당 관청 사이에는 서서히 줄다리기가 시작된다. 통일독일의 수도로 거듭 나려는 베를린, 그것도 도심지 한복판에 언제 쓰러질지도 모르는 폐허가 버티고 서있으니 여간 눈에 거슬리는 게 아니었다. 타헬레스의 대변인으로 언론과 정부당국을 상대하던 요헨 산디히의 당시 나이는 겨우 스물 셋, 그는 정부의 지원과 법적 권위보장을 대가로 타헬레스가 재개발되고 변질되는 것을 막기 위해 싸움과 협상을 반복했다. 그로부터 9년이 지난 1999년, 타헬레스는 정부의 지원과 함께 합법적인 입주권을 얻어냈다. 타헬레스에 입주하고 있는 예술가들은 전기

세 등의 관리비 명목으로 한 달에 우리 돈으로 12만원만 지불하면 자기 작업실을 가질 수 있게 됐다.
하지만 그 대가로 타헬레스를 관광 상품화하려는 정부의 욕심에 많은걸 양보해야만 했다. 타헬레스 주변지역은 앞으로 깔끔하게 정화될 것이고 보조금을 받아내기 위해서는 정부의 문화예술 담당청과 긴밀한 협력관계를 유지해야만 한다. 이런 모습을 지켜보면서 요헨 산디히는 93년 당시에 자신이 정부관청과 벌이던 협상보다도 훨씬 더 나쁜 조건으로 후배들이 협상에 응해버린 사실이 안타깝기만 할 뿐이다.

타헬레스의 산 증인, 파올로

타헬레스 1층에는 '차파타' 라는 카페가 있다. 낮에는 카페, 밤이면 파티장이나 콘서트홀로 둔갑하는 카페 차파타를 내가 찾아간 건, 10년 째 타헬레스를 떠나지 않고 있는 산 귀신 하나가 이곳에 남아 있다는 소문에 귀가 솔깃해져서였다.

문을 열고 들어섰을 때 가게에는 인상 좋게 생긴 젊은 남자가 혼자서 열심히 일을 하고 있었다. 대여섯 명의 손님을 순식간에 상대하는 손놀림을 보니 하루 이틀 서빙한 솜씨는 아니다. 이 친구가 파올로, 10년 전부터 줄곧 이 유령의 집을 지켜오고 있는 산 증인이다. 서른 네 살의 파올로는 일곱 살 때 부모를 따라 칠레에서 구동독으로 이민 온 교포 2세였다. 대학에서 미술을 전공하던 파올로는 평소 알고 지내던 레오가 어느 날 불쑥 찾아와서 '건물을 하나 점거하러 가는데 같이 가자' 고 해서 따라나섰다가 결국 타헬레스를 지키는 산 귀신이 되어버렸다. 파올로가 들려주는 이야기는 곧 타헬레스의 살아있는 역사나

파올로

다름없다.

파올로가 특히 관심을 가졌던 건 연극분야. 연극 연출가로 베를린의 유명극장에서 명성을 날리던 아버지의 영향이 컸다. 파올로는 아버지와 함께 건물 2층의 대형 홀을 극장으로 개조하는데 모든 정열을 쏟았다. 10년이 지난 지금까지도 당시에 파올로가 아버지와 함께 만든 공연장은 문고리 하나 그 형태가 바뀌지 않고 예전의 모습 그대로 남아있다. 아마도 이런 애착 때문일까. 서서히 변질되어가는 분위기에 하나둘씩 동료들이 타헬레스를 떠날 때에도 파올로는 끝내 발길을 돌리지 못했다.

타헬레스의 창시자인 레오 콘다인은 이미 92년에 자신이 스스로 건설한 예술가들의 지상낙원을 등지고 떠났다. 도자기 공예를 하며 숲 속에서 은둔생활을 하고 있는 레오는 이제 서서히 전설 속의 인물로 잊혀져가고 있다. 당시 대변인이었던 요헨 산디히 역시 93년 타헬레스를 떠나 지금은 베를린 5대 극장 가운데 하나인 샤우뷔네의 예술감독으로 한 해 180억원의 극장 예산을 관리하는 연극계의 실력자가 되었다. 왜 그랬을까? 예술가들에게는 지상낙원과도 같은 꿈을 이룬 장본인들이 왜 그렇게 일찍 자신들이 건설한 낙원을 등지고 떠나야만 했을까?

슈터가 없는 축구경기

초창기 멤버들의 열정에 찬물을 끼얹은 건 정부당국과의 힘겨운 싸움도, 열악한 환경도 아니었다. 그들을 정작 힘들게 한 건 아무리 노력해도 이룰 수 없는 회원들의 단결이었다. 레오가 원했던 건 자신만을 위한 예술이 아니었고, 파올로가 원했던 건 잘 팔리는 연극이 아니었다. 그들은 사회문제와 서로 소통할 수 있는 예술, 틀에 박힌 예술의 고정관념에 저항하는 젊은 비판정신이 담긴 예술운동을 원했다. 하지만 타헬레스에 입주한 예술가 대부분은 자기 작업실에 처박혀서 나올 생각을 하지 않았다. 그들에겐 사회적 이슈보다 개개인의 예술적 고민이 더 컸고, 그러다가 운이라도 좋아서 성공한 친구들은 미련 없이 폐허를 등지고 하나둘씩 타헬레스를 떠났다.

더러운 청바지, 찢어진 운동화를 벗어 던지고 번듯하게 성공한 옛 친구들을 보면서 파올로는 아무런 감흥이 일지 않는다고 했다. 그들이 특별히 부럽단 생각을 해본 적도, 그렇다고 미워해 본 적도 없다고 했다. 다만 지금처럼 자유를 누리며 살 수 있는 것만으로도 감사할 뿐이라고 조용히 미소 짓는다.

파올로는 낮에는 카페에서 일하고 밤이면 작업실에서 그림을 그린다. 가끔씩 개인전을 열기도 하고 무대미술가로 일할 때도 있다. 요즘은 자신의 고국인 칠레에서 온 다양한 예술가, 학자들과 함께 '메인스트림과 언더그라운드' 라는 주제로 전시회를 겸한 문화행사를 기획하고 있다. 예전에는 타헬레스 회장직을 맡았다가 자진사퇴를 한 적도 있었다. 그 이유를 파올로는 축구경기에 빗대어 설명한다. 선수들이 계속 패스만 하면 언제까지고 골은 터지지 않는 법. 책임지기 싫어서 계속 드리블만 하다가 슈팅 찬스가 생겨도 동료 선수에게 패스해버리고 마는 친구들의 모습을 보다가 서서히 지쳐가고 있는 자신을 발견한 어느 날, 파올로는 미련 없이 회장직을 포기했다.

세상에 공짜는 없다, 아무것도 없다

금년부터 타헬레스는 본격적인 정비작업에 들어간다. 뒷마당과 주변 일대에는 각종 위락시설이 들어설 예정이다. 하지만 구체적으로 어떤 모습이 될 지에 대해서는 이곳에 입주해 사는 예술가들조차도 아직 모른다. 다만 한 가지 분명한 건 내가 처음 이 곳을 찾았던 어느 화창한 여름, 뒷마당 여기저기에 아무렇게나 퍼질러 앉아 기타치고 맥주도 마시며 빈둥거리던 '자칭' 예술가, '사이비' 철학자, 펑크족, 술주정뱅이들은 앞으로 보기 힘들어질 거란 사실이다. 하지만 현재의 건물모양은 계속 유지될 거라고 한다. 안전상의 이유로 부분적인 보수공사는 있겠지만 현재의 외형은 그대로 유지된다고 한다. 파올로가 말했던 타헬레스의 미래가 어쩌면 그런 모습인지도 모르겠다.

파올로는 그렇게 말했다. 겉으로는 큰 변화가 없을지라도 내부적으로는 어쩔 수 없이 많은 변화가 있을 거라고. 스폰서가 되어주겠다던 대기업들도, 보수공사를 시행하는 관청도 젊은 예술가들이 꿈을 키우는 공간을 아무 대가없이

TISCH

지켜주겠다는 건 결코 아니었다. 정부와 기업들이 정작 관심을 가진 건 폐허더미 속에서 살아남아 주류문화와 당당한 위치에 올라서 버린 이 괴상한 유령의 집이 발산하는 독특한 아우라의 상품가치였다. 그리고 그들이 이런 매력과 상품가치를 이용하려고 들 것은 불을 보듯 뻔한 이치였다. 그런데, 그런데 말이다. 난 타헬레스가 철거되지 않고 보존된다는 사실 하나만으로도 이들이 한없이 부럽다. 초가집은 고사하고 기와집조차 구경하기 힘들어진 서울의 모습과 비교하면 타헬레스는 아직도 분명 꿈이 남아있는 낙원이기 때문이다. 그래서 아마도, 뒷마당 한복판에 맥도날드 햄버거가 들어선다 해도, 유원지처럼 입장료를 받는 날이 온다 해도 앞으로 종종 시간이 날 때마다 이 유령의 집을 계속 찾아오게 될 것만 같다. 그러다 가끔은 파올로를 찾아가 맥주도 한잔 얻어 마시게 될지 모르겠다.

2000년 5월.

www.tacheles.de

주소: oranienburger strasse 54~56a, 지하철 6호선 oranienburger tor 역에서 걸어서 1분.

특별히 다르지 않은 사랑

프러포즈를 받았다.

베를린에 와서 두 번째로 남자에게 받아보는 프러포즈였다. '크리스토퍼 스트리트데이(Christopher Street Day, CSD)' 행사에 사진도 찍을 겸 구경을 갔다 벌어진 일이었다. 첫 번째와는 기분이 달랐다. 그저 상대방이 기분 나쁘지 않을 만큼 자연스럽게 거절했다. 하지만 뒤쫓아 올지도 모른단 생각에 슬쩍 인파가 북적대는 쪽으로 자리를 옮기기는 했다. 아마 그 순간의 내 모습은, 낯선 남자가 말을 걸어오자 자리를 피하는 여자와 똑같았을 것이다. 물론 상대가 여자였다면 좋았겠지만, 어쨌거나 누군가 내게 호감을 보이는데 굳이 과민반응을 하거나 호들갑을 떨고 싶지 않았다. 지난 4년 사이에 내가 그만큼 변해있었다.

첫 번째 프러포즈는

4년 전 여름에 받았다. 그 해의 CSD행사가 열리기 일주일 전이었다. 그 무렵

난 생전 처음 여자에게 실연을 당하고 거의 우울증 모드로 가라앉고 있었다. 일주일쯤 그렇게 침대를 타고 잠수하고 있을 무렵, 그 해의 여름학기 중에 꼭 들어야만 하는 마지막 수업 하나를 듣기 위해 학교에 갔다. 강사는 30도를 훌쩍 넘긴 무더위로 찜통이 된 강의실을 포기하고 야외수업을 제안했다.

우린 분위기 좋은 노천카페의 그늘에 둘러앉았다. 1920년대 베를린을 꽃피웠던 연극전통에 대한 강사의 해박한 지식에 한참 귀를 기울이고 있을 무렵, 서빙을 하는 남자가 주문을 받으러 다가왔다. 컬러풀한 안경을 쓰고 목소리에 교태가 잔뜩 섞인 그 남자는 유독 날 뚫어지게 쳐다보면서 뭐라고 농담을 걸었다. 하지만 유감스럽게도 난 아직 빠른 속도로 내뱉는 농담까지 알아들을 정도로 독일어에 능숙하지 못한 유학 초년생이었고, 그보다도 내 상태가 누군가의 농담을 받아줄 처지가 아니었다. 그런데 문제는 그게 아니었던 모양이다. 옆에 앉은 독일친구들의 표정이 묘하게 일그러졌다. 강사 역시 당황한 눈치였다. 난 여전히 분위기 파악도 못한 채 멋쩍게 웃기만 했다.

잠시 후, 알록달록 안경이 우리가 주문한 음료수를 들고 다시 나타났다. 안경은 내 맞은편에 앉은 독일 여학생에게 뭐라고 속닥거리는 것 같았고, 안경이 사라지기 무섭게 주책없는 그녀가 수업도중에 큰소리로 내게 이렇게 전했다.
"저 사람이 네 전화번호 좀 달라는데 어쩔까?"

사랑이란 건,
내가 아는 한 그런 거다. 사랑하는 사람이 날 떠난다. 그러고 나면 한동안 미치도록 괴롭고 외롭다. 도저히 살아낼 자신이 없다. 하지만 시간이 지나면

서서히 잊게 된다. 결국은 다 거기서 거기다. 그리고 나면 어느새 내 마음의 텅 빈 구석을 들여다보는 누군가 나타난다. 그리고 다가온다. 그렇게 또 다음 사랑을 시작한다. 수순이다. 두려움 없는 사랑, 죽어도 좋은 사랑, 그런 사랑은 선택받은 극소수의 몫이거나 아니면 존재하지 않는 걸지도 모른다. 적어도 지금까지 내가 알기로는 그렇다.

그런데 나도 모르게 노출시킨 내 마음의 텅 빈 그 구석을 남자가 들여다볼 거라고는 미처 생각하지 못했다. 생각을 못했으니 대비가 안 되어 있었고 만사가 혼란스러워졌다. 어떻게 그 카페를 빠져나왔는지 기억이 없다. 수업이 끝나기 무섭게 거의 멍한 정신으로 도망치듯 그 자리를 빠져나왔다.

'나쁜 년….'

갑자기 일주일전 나를 버린 그녀에게 처음으로 욕지기가 튀어나왔다. 지난 일주일동안 참고 참았던 술을 대낮부터 퍼마셨다. 시퍼런 하늘을 올려다보면 자꾸만 욕지기만 나왔다. 뭐 이따위 세상이 다 있어, 젠장…. 갑자기 베를린 전체가 소돔과 고모라처럼 느껴졌다. 그래서 그 해 여름에는 아무 행사에도 가지 않았었다. 러브 퍼레이드도 가지 않았다. 그리고 정확히 4년하고도 일주일이 흘렀다. 비슷한 상황이 또 벌어졌지만 그 사이에 난 이미 세 번쯤 다른 여자와 사랑을 했고, 나의 그녀는 더 이상 나쁜 년이 아니었고, 그 사이에 난 그만큼 늙어버렸다.
세상일은 정말로 돌고 도는 것 같다.

베를린의 여름은 참 좋다.
'퍼레이드의 도시' 라는 별명이 붙을 만큼 여름 내내 퍼레이드와 축제가 끊이지 않는 도시가 베를린이다. '크리스토퍼 스트리트 데이' 를 시작으로, 해마다 백만 명이 넘게 모여서 온 도시를 테크노클럽으로 만들어버리는 '러브 퍼레이드', 각종 재즈 페스티발, 그리고 웅장한 박물관 건물을 배경으로 야외에서 열리는 '오픈에어 콘서트' 등이 빽빽한 스케줄 속에 도시를 휩쓸고 지나가면 8월말, 대마초의 합법화를 요구하는 '대마초 퍼레이드' 를 끝으로 화려했던 베를린의 여름이 막을 내린다.

'Gay Pride' 히스토리
'크리스토퍼 스트리트 데이' 라는 명칭은 독일 내에서만 통용되는 이름이고 전 세계적으로 알려져 있는 이 행사의 명칭은 'Gay Pride' 이다. 뉴욕의 그리니치빌리지에는 동성애자들이 많이 모여 사는 Christopher Street가 있는데,

이 거리에 있는 'Stonewall Inn Bar' 에 번번이 경찰들이 와서 단속을 했다고 한다. 1969년 6월 27일, 그 날도 역시 틀에 박힌 모욕적인 단속과 탄압이 자행되던 중, 처음으로 동성애자들은 경찰에게 저항을 하게 된다. 지금까지는 당연한 것으로만 여겨지던 의례적인 탄압에 동성애자들이 반기를 든 기록적인 날이다. 이틀에 걸쳐 지속된 폭동(?)은 여기서 그치지 않고 새로운 운동으로 자리를 잡으면서 전 미 대륙뿐 아니라 유럽까지 퍼져나갔는데, 이 날을 기념하고 동성애자들의 인권보호와 아울러서 자신들의 존재를 공개적으로 알리는 이 'Gay Pride' 행사를 독일에서는 운동이 시작된 거리의 이름을 따서 '크리스토퍼 스트리트데이' 라고 부른다.

현재 독일 내에서 열리는 CSD 행사 가운데에는 해마다 70만 명 이상이 모여드는 쾰른 CSD가 가장 규모가 크고, 다음으로 큰 행사가 열리는 곳이 베를린이다. 독일에서는 6월 초에 열리는 '드레스덴 CSD' 를 시작으로 쾰른, 베를린, 뮌헨, 프라이부르크 등 35개 도시에서 8월말까지 행사가 연이어 개최된다. 세계적으로는 집계된 공식자료에 따르면 11월 중순에 방콕에서 열리는 'Bangkok Pride' 까지 총 30여 개의 행사가 등록되어있다.

19세기 말부터 동성애자들의 수도로 불리는 도시, 1897년 마그누스 히르쉬펠트 박사가 창설한 세계최초의 동성애자 권익보호단체 '학문적-인도적 위원회'가 생겨난 도시이기도 한 베를린에는 현재 약 10만 명의 동성애자들이 거주하고 있는 것으로 '추산' 된다. 약 350만 명밖에 안 되는 베를린의 인구를 감안하면 터무니없이 많은 숫자 같지만, 정작 주변을 둘러보면 거짓말은 아닐 것 같단 생각이 들 정도로 동성애자들이 많은 도시가 베를린이다. 해마다 개최되는 CSD 행사에도 50만 명이 넘는 동성애자와 관광객들이 참가한다. 현재 독일에서는 동성간의 법적 혼인이 가능하다. 해마다 CSD에 등장하는 구호는 당시의 주된 이슈를 그대로 반영하는데, 금년 행사에서 가장 많이 등장한 슬로건은 "나도 아이를 키우고 싶다." 즉, 양육권 쟁취가 다음 목표였다.
베를린은 현재 여기까지 와있다.

난 동성애를 지지하지 않는다.
동성애라는 주제가 입에 오를 때마다 난 그들을 지지하는 입장이 아니었다. 잘 알지도 못하는 그들에 대해 섣불리 말하고 싶지 않은 게 가장 큰 이유였다. 그리고 그런 생각은 지금도 변함이 없다. 동성애에 반대하지 말자고, 억압받는 소수의 권리를 지켜주자고 소리 높이는 헤테로 가운데 과연 얼마나 많은 사람들이 진정 그들의 아이덴티티를 인정해주고 받아들이는 것일까, 라는 불순한 의심을 난 종종 한다. 시대 분위기에 편승, 무언가 독특한 건 다 찬성해야 밀레니엄시대의 세련된 지식인이 되는 듯 무조건 찬성하고 보자는 생각을 가진 일부 몰지각한 사람들도 많을 것이라는 의심은, 뭔가 특이한 것만 보면 일단 긍정적으로 보고 눈부터 돌아가는 근성을 가진 나 자신에 대한 자기반성에서부터 시작된다. 다만, 해를 거듭할수록 달라지는 게 있다면 이젠 그들이 더 이상 특별해 보이지 않는다는 사실이다. 나에게 있어서 이웃집 사람이 동성애자라는 사실은, 옆집에 낯선 스웨덴 사람이나 에스키모가 사는 것과 더 이상 크게 다르지 않다. 물론 독일 사람들이라고 전부가 다 나처럼 생각을 하는 건 아니다.

동성애자들이 극복해야 할 사회적 제약과 편견은 이곳에도 역시 아직 많이 남아있다. 국가라는 시스템이 이들의 권리를 법으로 보장해준다 하더라도 보이지 않는 탄압은 곳곳에 도사리고 있다. 언제까지나 이들은 소수일 것이고, 약자일 것이고, 늘 불안해할 것이다. 그래서일까, 그만큼 이들의 사랑은 절실하고, 위태롭고, 상처받기 쉽다. 그렇게 행복하면서도 마음 한구석의 불안감과 피해의식을 떨쳐버리지 못하는 이들의 사랑은 그래서 볼 때마다 더욱 마음이 아프다. '동정' 하는 게 아니라, 그냥 마음이 아프다.

저녁 때,
친구와 전화통화를 하다가 낮에 있었던 일을 얘기하자 친구가 심드렁한 목소리로 그랬다. "오빠, 그러지 말고 이참에 괜찮은 남자를 찾아보는 건 어때? 오빠가 찾는 여자나 내가 찾는 남잔 어차피 없어. 여긴 베를린이잖아. 좀 괜찮다 싶은 친구들은 알고 보면 전부 다 동성애자야. 베를린은 안 돼." 우린 서로 과장되게 호탕한 웃음소리를 남긴 채 아주 유쾌하게 전화를 끊었다.
우울하고 피곤한 주말저녁이었다.

so berlin, so gay

"미안하지만 난 지금부터 사진을 좀 찍을 게요.
인터뷰를 하고 나면 꼭 사진이 필요하거든요.
방해 안 할 테니까 두 사람은 하고 싶은 데로 하면 되요.
날 위해서 일부러 포즈를 취할 필요도 없어요."

놀렌도르프 광장역 플랫폼에서 꼭 끌어안고 서있던 두 남자를 따라서
무조건 지하철을 탔고, 무조건 따라 내렸다.
티어가르텐 공원으로 서둘러서 들어가는 두 사람을 다짜고짜 세워놓고
난 다짜고짜 인터뷰를 시작했다.

서로 다른 도시에 살고 있는 두 사람은 오래전부터 알고 지냈지만
어제부터 서로 사랑에 빠졌다고 했다.
공원입구에 있는 벤치에 두 사람을 앉혀놓고 내가 말했다.
당신들의 아까운 시간을 더 이상 뺐고 싶지 않으니 편하게 행동하라고.

다만, 나에게 10분만 더 시간을 달라고.
두 시간 후에는 쾰른으로 돌아가야 하는 남자와,
베를린에 남아서 일을 해야 하는 또 한 남자가
미친 듯이 키스를 하기 시작했고,
난 그들과 10 미터 쯤 떨어져서
필름 다섯 통을 다 쓸 때까지 사진을 찍기 시작했다.

로모

1년 전,

친구에게 '로모(Lomo)' 라는 이름을 처음 들었다. 사진에 문외한인 친구가 다른 사람에게 전해 들었다는 소문은 대략 이랬다. '로모는 구소련의 KGB 스파이들이 쓰던 카메라이며 가격은 20만 원 정도, 못생긴 구식카메라인데도 요즘 젊은 사람들이 무지하게 좋아함. 로모를 판매하는 곳은 '대리점' 이라 부르지 않고 '앰버시(Embassy, 대사관)' 라고 부르며 지점장은 대사로 호칭한다….' 뭐 이런 두서없는 얘기정도였다. KGB 어쩌고 하는 얘기를 들으면서 난 당연히 팔뚝만한 줌렌즈가 장착된 특수 카메라를 상상했고, 아무리 유행이라 해도 그런 구형 카메라까지 수집할 정성은 없다고 판단했다.

그러고 한 달쯤 지났을까, 우연히 인터넷에 검색어를 입력해서 몇 가지 정보를 읽어보고 난 뒤에야 난 '아하!' 하고 뒤통수를 쳤다. 그리고 바로 인터넷으로

주문했다. 독일에서 멀지 않은 오스트리아의 로모 국제본부에서 일주일도 안 걸려서 배달된 로모 카메라는 70년대 성냥갑처럼 촌스런 포장박스 안에 담겨 있었다. 그렇게 로모를 처음 만났다.

6개월 전,
베를린의 로모 앰버시를 처음 찾아갔을 때 "안녕, 무얼 도와줄까?" 하고 제일먼저 나를 반긴 사람은 어른도 아니고 새파랗게 어린아이였다. 난 하마터면 "아빠 어디 가셨니?" 하고 물어볼 뻔 했다. 뒤이어 나타난 베를린 로모 대사 요아힘이 자기보다 마이크를 먼저 소개해주었다. 알고 보니 열두 살 된 마이크는 로모 베를린 앰버시 정식 회원이고, 앰버시에서 카메라를 가장 많이 판매하는 일등공신이라고 했다. 서른여섯 살 먹은 어른과 열두 살짜리 어린아이가 함께 일하는 소사이어티, 베를린 로모 앰버시에서 내가 처음 받은 인상은 그랬다.

독일에는 로모 본부에서 월급을 받으며 일하는 전업대사가 딱 두 명 있는데, 요하임이 그 중 한 명이다. 독문학과 연극학을 전공하고 한때는 영화 일도 했던 요아힘이 베를린의 로모대사가 된 건 순전히 우연이었다. 시골도시에서 살다가 베를린으로 상경하기로 마음먹을 무렵, 요아힘은 쾰른에서 열리는 '포토키나' 라는 카메라 박람회에 갔다가 우연히 옛 친구를 만났다. 베를린으로 이사를 할 계획이란 얘기를 하자 친구는 쿨하게 요아힘에게 프러포즈를 했다.
"너 혹시 로모 대사 해볼 생각 있니? 마침 베를린에도 지부를 만들려던 참이거든. 가게 되거든 일단 앰버시를 차릴만한 장소가 있는지부터 한번 알아봐."
로모 대사가 된 사연치곤 참 싱겁기도 하고 억세게 운이 좋은 것 같기도 하다.
로모는 인터넷에서만 구입할 수 있다고 알고 있었는데 베를린 앰버시에서는

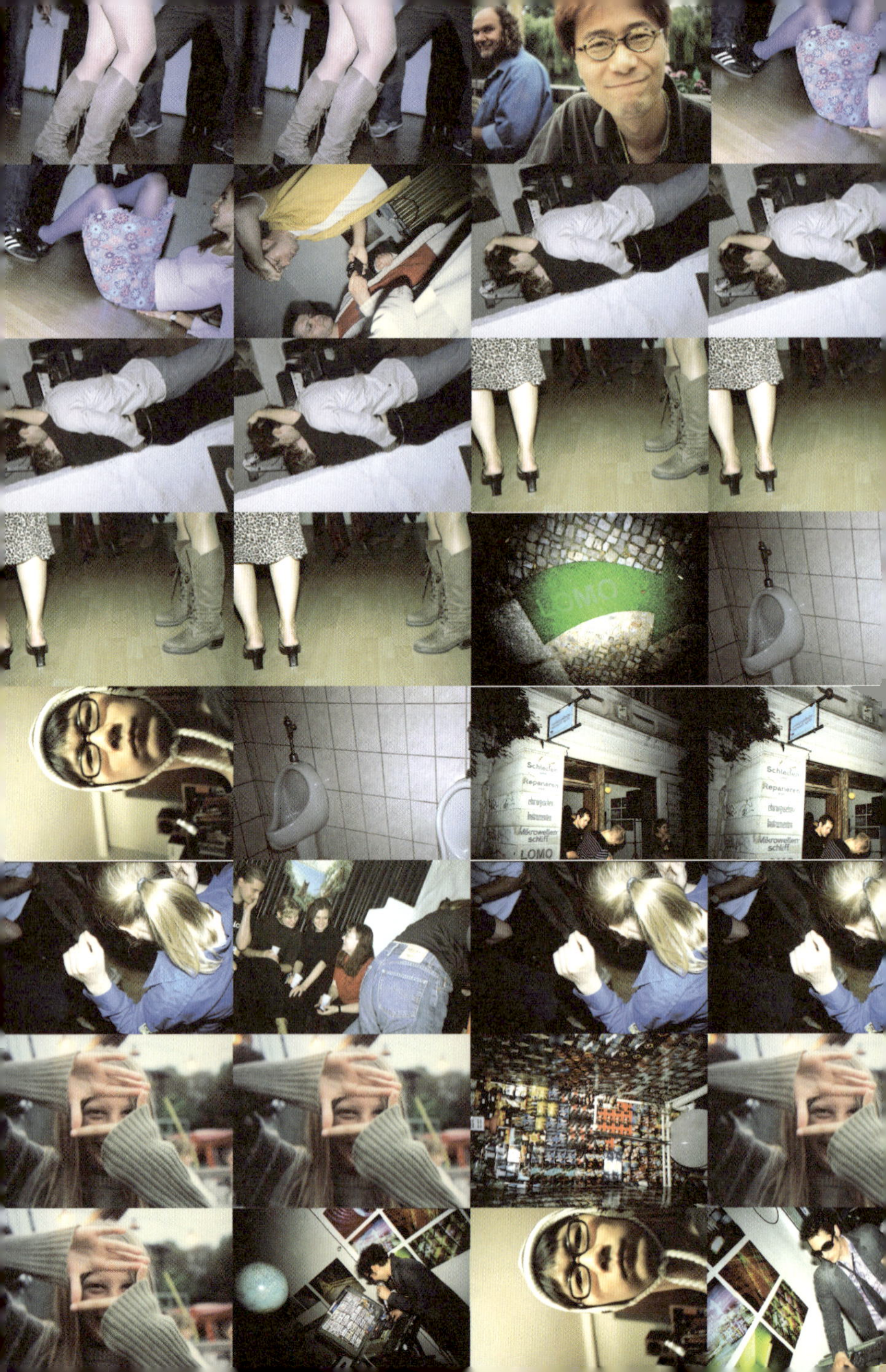
LOMO
Schleifen
Reparieren
Mikrowellen schiff
LOMO

직접 판매도 한다. 지금까지 판매한 실적만 해도 1만개쯤 된다는데 도대체 믿어지지 않는 숫자다. 아무튼, 이런 저런 수다 끝에 우린 베를린 영화제때 다시 만나기로 하고 일단 기약 없이 헤어졌다. 그리고 영화제 기간 내내 우린 단 한 번도 마주치지 못했다.

5주전 쯤인가,
요아힘의 얼굴이 가물가물해질 무렵, 베를린 로모 앰버시 창립 1주년 기념파티를 한다는 메일을 받고 두 번째로 앰버시를 찾아갔다. 가자마자 얼떨결에 무슨 신청서에 사인부터 했는데, 참가비 10유로를 내자 필름 한 통과 카페 이름이 몇 개 적혀있는 쪽지를 주었다. '마감시간 엄수, 11시' ?? 난 그저 11시까지 파티에서 벌어지는 이런저런 모습을 찍어서 필름을 제출하면 되겠거니 하고 별 생각 없이 쪽지를 주머니에 쑤셔 넣었다.
그날 저녁의 손님들은 역시 개성만발! 정치학과 대학생, 저널리스트, 변호사, 조각가, 음악가, 트랜스젠더, 게다가 영국에 온 여행객까지 각양각색이었지만 그 가운데 카메라에 대한 전문지식을 갖춘 사람은 단 한 명도 없었다. '술보다 술자리 분위기가 좋다' 는 누군가의 말처럼 여기 모인 사람들은 사진을 찍는 것보다 차라리 로모와 관련된 거라면 가리지 않고 그냥 즐기려는 것처럼 보였다. 직업, 인종, 나이 가릴 것 없이 눈만 마주치면 서로 웃으면서 말을 걸고 잔을 부딪치는 분위기. '아, 이런 분위기가 난 정말 좋아!' 도착한 지 한 시간도 안 되어서 난 이미 서서히 취하고 있었다.

그 날 저녁의 촬영대회가 일종의 서바이벌 게임이라는 걸 알게 된 건 10시 반이 다 될 무렵이었다. 넋 놓고 앉아서 사람들과 수다를 떨고 있는데 못내 불안했는지 스탭 한 명이 몇 번이나 다가와서 자꾸 내게 시간을 일러줬다.
"너 정말 아직 괜찮겠어? 11시까지 돌아오려면 시간이 빠듯할 텐데."
"돌아와? 어디서 돌아와?"

인근에 있는 술집(Pub)을 순례(Crawl)하는 이날 촬영대회의 정확한 명칭은 Pub Crawl, 그러니까 난 벌써 두 시간 전에 지정된 장소들을 돌며 사진을 찍고 지금쯤은 슬슬 돌아올 준비를 하고 있어야 하는 거였다. 남은 시간 30분, 아! 어쩐지 아까부터 안 보이는 애들이 있더라….
난 알딸딸하게 술이 오른 머리통을 한번 세게 두드리고 파티장 구석에 가방을 팽개치고 거리를 향해 뛰쳐나갔다.

Pub Crawl. 다음을 기약하며….
설명을 하자면 대충 이렇다. 로모 앰버시가 위치한 곳은 서울로 치면 홍대 앞에서 걸어서 10분 쯤 되는 곳. 주최측은 홍대 앞 술집주인 몇 명을 협박, 스폰서를 강요해서 공짜 술 제공 및 촬영협조를 사전에 받아낸다. 행사에 참가한 로모그래퍼들은 이 술집들을 돌면서 술 한 잔 공짜로 얻어 마시고, 다녀갔다는 사인 받고, 그러면서 중간 중간 술집풍경을 찍는다. 다 되면 다음 집으로 이동. 술이야 마시건 쏟아버리건 상관없지만 의무적으로 출석체크를 해야 하는 술집이 모두 여덟 군데다. 이렇게 해서 필름 한 통을 다 찍고 나면 열한시까지 앰버시에 필름을 제출하는 게 이날 촬영대회의 일정이었다.

하지만 내가 뒤늦게 숨이 목까지 차서 도착한 첫 번째 술집은 이미 주말저녁 손님들로 꽉 차서 발 디딜 틈조차 없었다. 이런 상태라면 일일이 사인을 받고

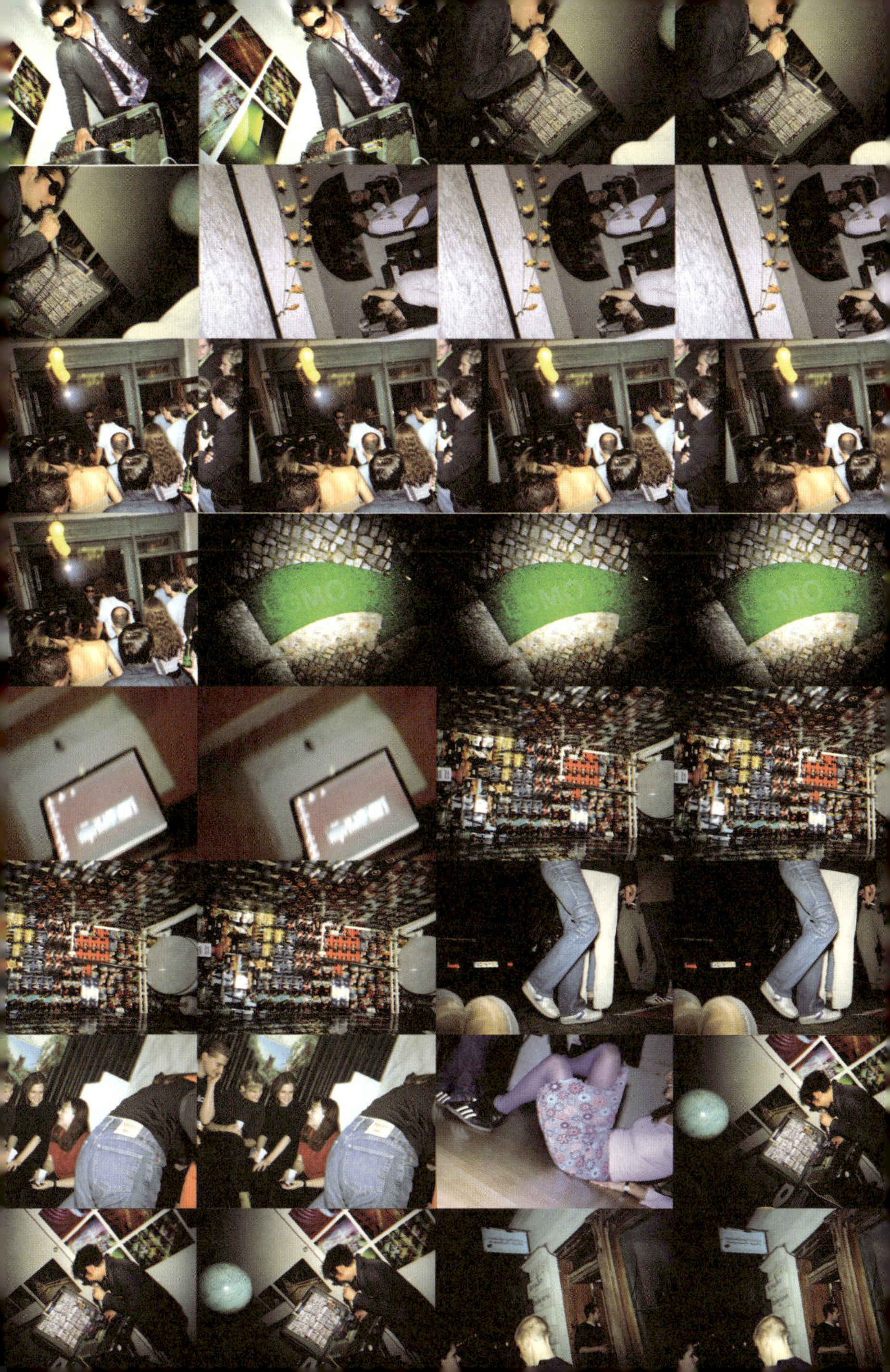

사진을 찍으면서 여덟 군데를 돈다는 건 도저히 불가능해 보였다. 승산이 없다고 판단한 난 할 수 없이 다음을 기약하며 터벅터벅 다시 발길을 돌렸다. 20분 전까지 문 앞에 쪼그리고 앉아서 같이 수다를 떨던 한 조각가가 패잔병처럼 돌아오는 내 모습을 보더니 안쓰러운 표정으로 혀를 찬다.

그 날 저녁의 파티는 자정 무렵, 산타페 출신의 원맨밴드 C.M.Smith가 등장하면서 절정에 달했다. 건물 앞 도로까지 뛰쳐나가 악을 쓰는 그와 덩달아 날뛰는 우리들의 광란을 더 이상 참지 못한 주민들의 신고로 새벽 한시 반에 경찰이 출동하면서 홍이 깨지기는 했지만.

부엌에서 태어난 로모그래피

밥 먹고 설거지 할 때를 제외하면 내 기억 속의 부엌은 집들이나 결혼식 등 집안잔치가 있을 때마다 상다리 부러지게 음식상을 차리고 난 엄마와 이모, 딸들이 둘러앉아서 터진 김밥, 뒤집다 찢어진 부침개, 불어터진 국수 등을 잔반 처리하는 공간이었다. 그랬다. 물론 이제 더 이상 그렇지 않다면 다행이지만 난 아직도 크게 달라지지 않았다고 생각한다. 독일은 다르다. 18세가 넘으면 바로 독립을 하는 독일 젊은이들의 첫 살림은 대개 기숙사 아니면 적게는 두 명에서 많게는 대여섯 명이 한 집에 같이 사는 일명 WG(Wohngemeinschaft 공동주택)에서 시작된다. 부엌과 화장실을 공동으로 쓰는 WG의 경우, 집에서 유일하게 넓은 공간이 부엌이다. 그러다 보니 친구가 와서 함께 차를 마셔도 부엌, 파티장소 역시 부엌이다. 부엌문이나 벽에는 의레 이런저런 기념사진들이 덕지덕지 붙어있게 마련이고, 작은 오디오도 갖춰져 있다.

로모 카메라와 관련된 하나의 문화, 다시 말해 오늘날의 '로모그래피' 가 탄생하게 된 히스토리를 요약하면 이렇다. '오스트리아의 한 대학생이 프라하의 벼룩시장에서 로모라는 구식 소련제 카메라를 발견한다. 집에 돌아와서 파티를 하면서 이 카메라로 사진을 찍는다. 찍은 사진들을 부엌 벽에 장식해놓는다. 집에 놀러온 친구들이 독특한 색감의 사진들을 보고 너도나도 그 카메라 좀 구해달라고 아우성친다. 장사가 되겠다고 생각한 이 대학생은 직접 러시아로 날아가서 오래전에 단종된 로모 카메라를 재생산해달라고 구매계약을 체결한다….'

인터넷에 소개된 글을 읽으면서 내 머리에 제일 먼저 박힌 단어는 '부엌' 이었다. 만일 그 대학생이 사진을 앨범에 꽂아두거나, 자기 방 침실 머리맡에 걸어두었더라면 어땠을까. 그래도 역시 지금처럼 로모가 널리 알려질 수 있었을까? 아니면 혹시 로모라는 카메라는 아직까지도 그저 프라하, 혹은 바르샤바의 벼룩시장에서 간혹 발견되는 카메라 정도로 남지는 않았을까.

로모 카메라가 부활한 건 프라하의 벼룩시장이었지만, '로모그래피' 가 태어난 곳은 유럽 젊은이들의 전형적인 파티장소이자 토론장, 때로는 지극히 사적인 전시장 역할도 하는, 바로 '부엌' 이란 공간이었다. 사진을 '부엌' 벽에 붙여놓았다는 말이 내게 유별나게 와 닿았던 건 그 때문이다.

2주일 뒤,

파티가 있은 지 2주일 뒤, 메일 한 통이 날아왔다

로모를 위해 건배를 !

로모 베를린 앰버시에서 1201점의 따끈따끈한 로모그래피를 선보이다!

프랑스, 영국, 캐나다, 베를린, 미국, 한국, 러시아의 로모그래퍼

40명이 카스타니엔 거리에서 열린 술집순례(PubCrawl) 행사에

참가하여 베를린 로모앰버시 탄생 1주년을 축하해주었어.

다들 와서 축하해주고, 시상식과 전시회를 함께 즐겨주었으면 좋겠어.

5일 저녁 일곱 시에는 시상식을 겸한 오프닝 파티가 열릴 거야.

전시회 기간은 언제냐고? 7월5일부터 11일까지 카스타니엔 거리에

있는 갤러리 Enger & Pieper에 오면 볼 수 있어.

그럼 다들 그때 보자고,

안녕.

로모그래퍼 십계명

1. 언제 어디를 가건 카메라는 반드시 소지하라

   Take your camera everywhere you go.

2. 밤이건 낮이건 아무 때나 찍어라

   Use it any time day and night.

3. 로모그래피는 인생의 방해물이 아니다. 오히려 생활의 일부이다.

   Lomography is not an interference in your life, but part of it.

4. 엉덩이 높이에 카메라를 쥐고 찍어보라.

   Try the shot from the hip.

5. 가능한 가까이 다가가서 찍어라.

   Approach the objects of your Lomographic desire as close as possible.

6. 생각하지 마라.

   Don't think. (William Firebrace)

7. 재빨리.

   Be fast.

8. 사진이 어떻게 나올 지 미리 생각할 필요 없다.

You don't have to know beforehand what you captured on film.

9. 그건 사진을 찍은 후에도 마찬가지다.

Afterwards either.

10. (지금까지 설명한 규칙을 포함해서) 사진에 관한 모든 규칙 따위는 그냥 신경 쓰지 마라.

Don't worry about any rules.

베를린 컴필레이션

세컨드 핸드숍

집을 나설 때면 번번이 새로 산 멀쩡한 구두를 놔두고 낡고 더러운 운동화에 먼저 발을 집어넣는 버릇만큼이나 듣는 음악 역시 세월이 흘러도 좀체 변할 줄 모른다. 세컨드 핸드숍에 진열된 옷처럼 오래도록 손때 묻은 나만의 컴필레이션, 나만의 음악들

In the name of love- Grover Washington Jr. [Winelight/Elektra]

중학교 3학년 때쯤이었나, 형이 아르바이트 하던 카페에서 한 장 얻어온 그로버 워싱턴 주니어의 LP 한 장은, 이후 나를 재즈교에 입문시키는 주범

역할을 했다. "Just the two of us"가 수록되어 있는 "Winelight" 앨범이었는데, 그 어린 나이에도 노래보다는 연주곡이 더 좋았다. 특히 이 곡은 앉은 자리에서 열 번을 들어도 지겨운 줄 모르고 몇 년을 매달려 살았으니 천 번도 넘게 들은 셈이지만 지금 들어도 질리지 않는다.

사랑했던 이유만으로 - 빛과 소금 4집

딱히 개인적인 사연이랄 게 소금처럼 배어있는 노래도 아닌데 유난히 마음에 와 닿는 나의 애창곡. 이 노래를 열심히 부르고 있으면 가슴 아픈 실연의 상

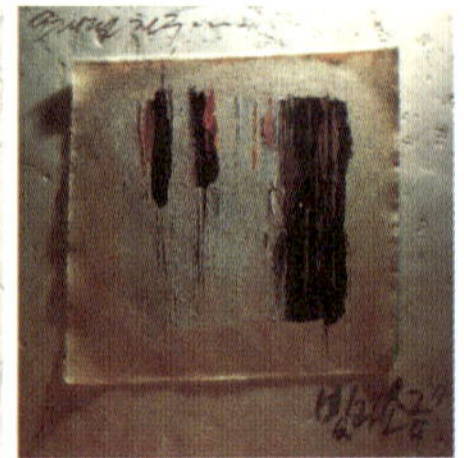

처라도 담겨 있는 줄 알고 사람들이 동정표를 던져 주지만, '내게 돌아와 줘, 나를 미워 하지 마~' 하고 처량하게 열창하면서도 사실은 그 어떤 여자도 떠올리지 않는다.

My one and only Love - performed by STING [영화 "리빙 라스베가스" OST]

새벽 두시, 난 많이 취했고 그 사람은 멀쩡했다. 총알택시를 타고 가겠다고 하자 그 사람이 억지로 날 자기 차에 태웠다. 카오디오에 "리빙 라스베가스" 사운드 트랙이 걸렸다.

우린 영화 속 장면을 하나씩 서로에게 들이댔다. 내 차례였다.

"그거 기억해요? 세라가 함께 살자고 제안하니까 벤이 그러잖아요. You can never, ever ask me to stop drinking!"

경인고속도로, 공사 중 간판과 깜박이 표시등, 아파트 앞 자판기에서 뽑은 프림커피의 향까지 보너스 트랙으로 기억 속에 담겨있는, 생각만 해도 취하는 앨범.

사춘기 - 김종서 [Thermal island]

어느 날 문득 이 노래가사의 한 대목이, 친구의 표현력을 빌리자면 "와사비를 씹으면서 거울을 쳐다보는" 느낌으로 와 닿았다.

'슬픈 이별보다 더욱 슬픈 건 세월 지나 무뎌지는 그리움….'

이 가사가 가슴 절절히 실감나기 시작하면 살만큼 살고 사랑할 만큼 해봤단

ZEIT
KULTUR KANN MAN NICHT KAUFEN

얘기다. 그런 느낌이 들기 전에 솔로 탈출에 성공하지 않으면 더 이상 사랑이나 결혼 따위에 흥미를 잃고 시시하게 늙어갈지도 모른다.

Disappointed In The Sun - dEUS [In A Bar, Under The Sea]

공동부엌을 쓰는 기숙사에 살 때였다. 같은 층에 벨기에 아가씨가 새로 입주를 했다. 양성애자였고, 그녀가 입주한 이후로 기숙사 파티는 개강파티에서 난교파티 수준으로 업그레이드되었다. 철학을 전공하고 영화감독 행세를 하며, 햇살 좋은 날은 빵모자를 쓰고 그림을 그리던 정체불명의 그녀가 이사를 갈 때 돌려주지 못하고 내 방에 눌러앉은 CD가, 벨기에 출신의 인디 록 밴드 dEUS의 앨범이었다. 도대체 뭔 노래가 죄다 이 따윈가 싶어 몇 달을 처박아 두고 있다가 나중에 들어보니 이 한 곡만큼은 맘에 쏙 들었다.
벨기에에 대한 내 첫인상은 정체불명의 그녀와 짝퉁 록밴드 'dEUS', 이렇게 둘 뿐이다.

취중독백 - 어떤 날 [어떤날 2집]

서울은 내게 어떤 도시인가. 종암동 산동네에 옥탑방을 얻어서 자취하던 시절, 밤늦은 시간에 버스를 타고 청계천 고가 밑을 지날 때면 조명가게에서 쏟아져 나오는 수백, 수천 개의 조명등과 네온사인 불빛이 바닥에 고인 구정물에 반사되어서 버스 차창에 시퍼렇게 반사되던 도시, 그럴 때마다 내 귀에는 이어폰이 꽂혀 있었고, 가끔은 이 곡을 가사까지 하나하나 음미하며 새겨듣곤 했다.
서울을 노래한 대서사시, 세월이 지나도 변치 않을, 불후의 명작.

Caramel – Suzanne Vega [The best of Suzanne Vega]

와인 한 잔 손에 쥐고 소파에 파묻혀서 분위기 잡기보단 혼자라도 흐느적거리고 싶을 때, 끈적거리는 블루스보다는 조금 빠른 템포로 요염하게 춤이라도 추고 싶은 욕정이 마구 발동하는 날에 들으면 술 안마시고도 취할 수 있는 곡. 정말 독특한 템포로 사람을 긴장시키는 곡이다.

My Wild Irish Rose – Keith Jarrett
[The Melody at Night with you]

터키 사람들이 많이 모여 사는 동네에서 1년을 산 적이 있다. 심지어 거리 이름도 터키 거리(Tuerken Strasse)였다. 지은 지 백년도 넘은 집이었고 층고가 꽤 높은 낡은 건물이었다.

집에 놀러 왔던 친구가 한번은 그런 말을 했다.

"너희 집에 있으면 재즈가 너무 자연스럽게 들려서 음악이 아니라 공기의 일부분 같아."

그 무렵, 들릴 듯 말 듯 하루 종일 반복재생을 시켜놓고 살던 앨범이 생일선물로 받은 키스 자렛의 신보였다. 뺄 곡이 하나도 없지만 그 중에서도 이 곡을 가장 좋아한다. 나른하고 몽환적이다.

베를린 유학생이 사는 법

하나,

유학 온 지 4년이 넘은 친구가 짐을 쌌다. 아직 공부가 끝나려면 멀었는데 공부를 포기하고 한국으로 돌아가기로 했단다. 여자나이 서른에 한국 땅에서 취직을 하기도 쉽지 않을 텐데 어려운 결정을 내렸지 싶었다. 떠나기 전날 잠시 인사라도 하려고 불러냈다. 맥주 한 잔….

사람이 망가지는 건 순식간이다. 더구나 부모도 친구도 없는 객지생활에서 자기관리는 때론 학위논문주제보다 더 중요한 테마다. 친구는 몸도 마음도 지칠 대로 지쳐있었다. 내가 무슨 얘기를 해도 제대로 알아듣지 못하고 횡설수설했다. 친구가 말했다.

"나, 죽지 않으려고 다 포기하고 돌아가는 거야. 이대로 있음 죽어버릴 것 같아."

Les Misérables

잘 결정했다고 말해줬다. '지금이라도 돌아가는 게 여기서 더 방황하는 것보다 용감한 결정이다. 가서 무슨 일을 하고 살건 앞으로는 너 자신을 좀 더 사랑해주고, 네 인생에 포석을 깔고 살줄도 알았으면 좋겠다.'
그런데 난 그게 왠지 그 친구를 빌미로 내 고백을 한 것 같다. 지금쯤은 아마 시베리아 상공을 날고 있겠지.

친구는 사랑에 실패했다. 두 번 사랑을 했는데 한번은 자기가 남자를 버렸고 한번은 남자가 차갑게 돌아섰다. 다음으로 찾아오는 건 무기력증과 우울증. 정해진 절차다. 아무리 내 사랑은 특별하다고, 특별했다고, 각성제를 먹은듯한 표정으로 허우적대도 결국은 다 거기서 거기다. 슬럼프에서 헤어나려고 해봤지만 잘 되지 않았다. 유학생활에도 실패했다. 가족생각이 났다. 그리고 '죽지 않기 위해서' 친구는 가족들이 있는 한국으로 돌아갔다.

사람들은 '유학생' 하면 모두 박사를 떠올린다. 희소가치가 아무리 떨어졌다 해도 아직은 그렇다. 난 여기서 하루에도 몇 명씩 유럽 땅에 새로 발을 내딛는 한국유학생들을 본다. 하지만 공부를 마치지 못하고 짐을 싸서 돌아가는 사람들도 흔치않게 본다. 이유도 가지가지다. 어학시험을 통과하지 못해서, 돈이 떨어져서, 알레르기성 피부염을 견디지 못해서, 지도교수를 못 구해서, 이런저런 이유로 많은 사람들이 도중하차하고 짐을 싼다. 난 끝까지 여기 남아서 논문을 마칠 수 있을까. 그게 과연 정말로 현명한 일일까. 난 그 친구만큼 용기가 없는 건 아닐까.
나 역시 돌아가고 싶단 생각을 하루에도 수십 번씩 하던 시기가 있었다.

둘.

카렌에게 전화가 왔다. 카렌은 지난여름 베를린의 한 소극장에서 함께 조연출을 하면서 알게 된 친구다. 그녀에게서 내가 받은 첫인상은 '눈이 참 깊다' 였다. 우린 가끔씩 산책을 하면서 참 많은 얘기를 한다. 어떨 땐 한 달에 한번 볼 때도 있지만, 3개월쯤 연락을 안 하다 이번처럼 불쑥 아무렇지 않게 전화를 해서 만난 때가 더 많다.

지금까지 나 역시 두 번 짐을 싼 적이 있었다. 한번은 비행기 표까지 구해놓은 적도 있었다. 알레르기성 피부염 때문은 아니었다. 그때 카렌은 내게 그런 얘기를 해주었다.

"사람들은 흔히 정말로 절실하게 원치 않았던 일을 가지고 마치 자신의 능력으로는 할 수 없었던 일처럼 정당화 시키곤 해. wollen nicht(won't) 와

koennen nicht(can't)를 혼동하지 마. 네가 정말로 원하는 게 뭐니? 피터 팬에 나오는 꼬마요정 있지? 사람은 누구나 그런 꼬마 요정을 하나씩 가지고 있어. 만약에 널 수호해주는 요정이 나타나서 너보고 소원을 하나 빌라고 하면 넌 뭘 빌겠니?"

난 소원을 빌었고 거짓말처럼 꼬마요정은 내 소원을 들어주었다. 그건 내 '의지'가 만들어 냈거나 아니면 다시 살려낸 요정이었다. 카렌은 그렇게 한번 날 구해줬던 친구다. 하지만 카렌을 지켜주는 꼬마요정은 내 요정보다 훨씬 짓궂은 모양이다.

7년 동안 같이 살던 남자친구가 하루는 밤늦게 들어오더니 카렌에게 이렇게 말했다.

"여자가 생겼어."

그날 저녁 파티에서 만난 여자라고 했다. 남자친구는 그 날 밤으로 집을 나갔다. 그 이후로 카렌은 혼자서 상처를 다스리는데 2년이 걸렸다고 했다. 아직도 그녀의 눈을 들여다보고 있으면 깊고 따뜻한 두 눈에 상처가 가득 고여 있다. 카렌은 아직도 그 남자를 사랑한다고 했다. 하지만 그건 더 이상 곁에 두고 바라볼 수 없는 사랑이다. 혹은 집착일지도 모른단 생각도 해본다. 아직도 그를 사랑하고 있는 자기 자신을 사랑하고 있는 건 아닌가 싶기도 하다.

독일인의 사랑이라고 특별히 다를 건 없다. 때론 서양 사람들의 합리주의, 개인주의에 이를 악물고 치를 떨지만, 사람 사는 곳엔 어디나 온기가 있게 마련이다. 뜨거운 피를 가진 사람도, 따뜻한 심장을 가진 사람도 있다. 찾아보면 분명히 어딘가에 있다. 물론 나쁜 놈도 많다.

10.980€

C. MEUNIER

셋.
정말로 힘이 들 때 난 편지를 쓴다. 2년 전부터 그 사람에게 편지를 쓰는 게 생활의 일부분이 되어버렸다. 편지를 쓰고 있으면 그 편지는 꼭 메트로놈이나 나침판 같은 구실을 한다. 정신없이 사는 동안은 어디서 얼마큼 핀트가 나갔는지, 궤도를 얼마만큼 이탈했는지 모른다. 그런데 편지를 쓰고 있으면 그게 느껴진다. 그래서 좋다. 쓰는 것만으로도 좋다.
물론 받을 땐 더 좋다.

넷.
요즘은 한국에서 손님이 오면 하나도 안 반갑다. 친한 사람일수록 더 부담스럽다. 함께 지내는 며칠, 몇 주일이 그들에겐 즐거운 시간이지만, 난 그들이 도착하는 순간부터 예감한다. 그들이 다시 돌아가고 난 뒤의 빈자리를 채울 때마다 매번 얼마나 힘들어했던가를 떠올린다. 그럴 때마다 애써 잊고 살았던 것들이 자꾸만 떠올라서 꼭 며칠은 공치기 일쑤였다. 갑자기 그리워지는 것들, 엄마의 잔소리에서부터 유치한 코미디프로, 대학교 후문 앞 포장마차에서 팔던 순대까지….

하루는 육순을 바라보는 나이에도 여성스러운 자태를 잃지 않고 사는 한 여배우와 자정이 넘도록 술을 마신 적이 있다. 그녀는 베를린 생활이 어떠냐고 내게 물었다. 난 물론 이곳에서의 생활을 최대한 즐기고 있지만 그만큼 잃는 것도 있더라고 대답했다.
잃은 게 뭐냐고, 그녀가 차분하게 물었다. '사랑' 이라고 대답했더니, 그녀는 더 이상 아무 것도 묻지 않았다.

얻는 게 있으면 반드시 그만큼 잃는 것도 있다. 지동설만큼 당연하다고 믿고 사는 내 신조다. 난 지금 이렇게 내 자유를 누리고 있고 내가 하고 싶은 공부를 하고 있고, 정확히 그만큼의 사랑을 잃었다. 이럴 때 독일 사람들은 이렇게 말한다.

"So ist das Leben. (사는 게 다 그런 거야)"

아르바이트 인생

나는 '학생' 이다. 벌써 언제부터 학생이었는지 이제는 기억조차 가물가물하다. 번역가의 신분으로 만나게 되는 사람들은 오래 전부터 날 학생으로 여기지 않지만 공식적으로 신분을 증명해야 할 일이 있을 때 난 아직도 직업난에 '학생' 이라고 적는다.

나이가 서른을 훌쩍 넘어서 여전히 학생신분을 유지하고 있다는 건 아무리 외국이라 해도, 박사과정을 밟고 있다 해도 낭만적인 일만은 아니다. 사람이 나이를 먹으면 지켜야 할 도리가 있다. 학생이라는 미명하에 그 모든 책임과 의무를 방기하고 지내는 건 결코 속편한 일이 아니다. 그리고 그 오랜 기간 동안 내 입에서 거의 떠나지 않았던 말은 '아르바이트' 였다. 물론 '입으나 마나' 를 자랑하는 내 몸매에 막노동을 해본 적은 없지만, 공사장 일과 접시닦이를 제외하면 유학초기부터 참 다양한 일을 하면서 그 긴 시간을 지내왔다. 인쇄소에서

Gateway

잡일을 해본 적도 있고, 클럽 문 앞에서 입장료를 받는 일도 해봤다. 그러다 한국에서 온 손님들을 통역해야 할 일이 생기면 만만치 않은 일당을 손에 쥐어보기도 했다. 유학생활 중 나의 아르바이트 인생은 어느 작은 회사에서 시작됐다.

그 회사는 전 세계에 걸쳐 리서치를 하는 회사이기 때문에 가장 다양한 인종을 만나본 회사이기도 했다. 일의 특성상 인력 가운데 90퍼센트 정도가 나처럼 프로젝트가 있을 때에만 불려나가서 일을 하는 각 나라의 유학생들이었다. 독일에 있는 클라이언트가 조사를 의뢰하면 이 클라이언트의 제품을 사용하고 있는 각 나라의 소비자들에게 전화를 걸어서 고객 만족도나 불만사항 등을 실시간으로 조사하는 게 우리의 업무였다. 여기서 클라이언트는 시가 몇 억 원이 넘는 기계와 장비를 생산하는 독일의 대기업이었고, 소비자는 이 장비를 사다 쓰는 전 세계의 대기업들이었다.

나처럼 유럽과 시간대가 다른 나라에 전화를 걸어야 하는 아르바이트생들은 보통 밤 열두시쯤 막차를 타고 출근했다. 그리고 한 시간쯤 기다리며 준비를 하고 있으면 그제야 서울에서는 하루 업무가 시작된다. 이때부터 전화를 시작, 20페이지가 넘는 설문내용을 묻기 시작한다. 설문조사를 하겠노라고 사전에 공문을 발송했기 때문에 무작위로 거는 광고성 전화와는 성격이 달랐지만 그래도 한국의 직장인들은 바빠도 너무 바빴다. 이 바쁜 와중에 무슨 설문조사냐고 짜증을 내는 사람이 대부분이었고, 아침부터 걸려온 국제전화에 당황한 나머지 엉뚱한 질문을 하며 거꾸로 호구조사를 하는 사람도 많았다. 어떤 경우이건 난 슬쩍 야심한 이곳의 현지 시각을 말해주며 동정심을 자극한 뒤에 설문조사를 끝까지 밀고 나갔다. 이렇게 다섯 시간쯤 목이 칼칼해질 때까지 국제통화를

하고 나면 어느새 창밖으로 동이 트기 시작하고, 거꾸로 한국에서는 점심시간이 된다. 인터뷰 끝. 이제 퇴근할 시간이다. 아침 일곱 시 쯤, 멍한 정신으로 귀가를 하면 기숙사에 사는 친구들은 하나둘씩 아침을 먹고 학교에 갈 준비를 하고 있었다. 그리고 난 그때부터 잠시 죽은 듯 잠에 곯아떨어졌다.

그 이후에도 나의 아르바이트 역사는 줄을 이었다. 그러다가 우연히 관공서에 반나절 직장을 구해서 몇년 간 안정되고 풍족하게 지내본 적도 있었지만, 밤만 되면 베를린의 뒷골목에 있는 클럽들을 쿵쿵거리고 찾아다니는 나 같은 족속과는 체질적으로 안 맞는 일이었다. 아무리 부업이라도 적성과 안 맞는 일을 너무 오래 하면 병이 든다. 게다가 독일에서 거쳐 간 반쪽짜리 직장만 다 합쳐도 열다섯 개는 되지만 아무리 많이 합쳐도 반쪽이 한 쪽이 되지는 않았다.

난 잠시 손을 놓고 있었던 번역 일을 본격적으로 다시 시작하면서 반나절짜리 직장을 그만 두었다. 번역 일은 더 고되고 보수는 더 적었지만 그래도 난 다시 반쪽이 아니라 온전한 한 쪽짜리 일을 택했다.

'외국에서 생활하니까 좋겠다' 는 얘기를 자주 듣는다. '학생의 낭만과 외국생활의 낭만을 동시에 누리고 있으니 얼마나 좋으실까요?' 하지만 꼭 그런 것만은 아니다. 일단 정기적으로 외국인들의 목을 조이는 비자문제부터, 각종 공과금 처리, 요리와 빨래, 집안청소는 기본옵션으로 따라오고, 그 다음부터 기다리고 있는 본업과 부업! 본업은 물론 공부이고, 부업은 돈벌이다. 요즘은 유학을 오는 학생들의 나이도 훨씬 어려지고, 아르바이트를 애타게 구하는 학생들도 예전보다 훨씬 드물어졌다. 누구나 경제위기라는 말을 입에 달고 살지만 모두가 그렇지는 않은 모양이다. 그래도 혹시나 도움이 될까 싶어 끝으로 외국 유학생활을 하는 한국 학생들이 할 수 있는 아르바이트를 소개해보겠다. 물론 내가 직접 경험했거나 주변에서 보아온 경우에 한정된 이야기이다.

첫째, 우리나라 기업체들의 외국 현지법인에서 아르바이트를 하는 방법이 있다. 청소 일부터 기술자 통역에 이르기까지 다양하다.

둘째, 여행가이드. 가장 대표적인 부업처럼 알려져 있지만 결코 만만한 일은 아니다. 우선 언어가 뒷받침이 되어야 하고, 운전에 능숙해야 함은 물론, 현지 지리와 역사에 밝아야 한다. 새로운 손님이 올 때마다 수백 번씩 갔던 곳을 또 가고, 한 얘기를 또 할 만큼 신경이 무던하지 않으면 어느 날 질려버릴 수 있다. 난 서너 번쯤 해보고 그만뒀다. 같은 얘기를 반복하는 것도 지긋지긋했지만 매번 한국에는 없는 남녀 혼탕 사우나, 아니면 스트립바가 어디에 있냐고 물어보는 공무원 아저씨들에게 질린 것도 이유 가운데 하나였다.

셋째, 음식점에서 일을 하는 유형에는 두 가지가 있다. 홀에서 서빙을 하는 경우와 주방에서 접시를 닦는 경우. 전자는 대개 여자 몫이고 후자는 남자 몫이 된다. 홀에서 서빙을 하면 팁 문화가 발달한 독일에서는 하루저녁에 5만원이 넘는 팁을 챙기는 수도 있다.

넷째. 베이비시터. 학생이라는 점을 십분 감안하여 쌍방 간에 세금관계를 서로 눈감아주고 넘어가기 때문에 가장 속편한 일자리이지만, 동양 여자가 파란

눈의 갓난아기를 유모차에 태우고 공원을 서성거리다 보면 사람들의 시선이 꽤나 따갑다고 한다. 게다가 말도 안 통하는 외국 아기와 신경전을 벌이는 것도 일종의 국제 전쟁이다.

다섯째. 사회보장 제도가 잘 되어있는 나라일수록 일종의 사회봉사와 같은 일을 하는 인력이 절대적으로 많이 필요한 법. 양로원이나 병원에서 환자수발을 하는 일은 고된 직종이지만, 오랫동안 일할 수 있는 안정된 자리를 원한다면 나쁘지 않은 방법이다.

여섯째. 일 년에 두 번, 그것도 보통 2-3주일씩 외국으로 휴가여행을 떠나는 건 화이트와 블루칼라를 막론하고 독일에서는 기본. 그 때마다 공장에는 빈자리가 듬성듬성 생긴다. 이런 빈자리를 채우기 위해 기업체에서는 학생들을 단순 노무직에 대거 기용한다. 자기가 사는 도시에 큰 공장이 없을 경우 이웃도시로 원정을 가서 하절기동안 눌러 살면서 일을 하고 한 학기 생활비 정도를 거뜬히 벌어오는 학생들이 많았지만, 요즘은 노사규정이 까다로워져서 이런 자리도 흔치는 않다고 한다.

되너 케밥

날씨가 꽤 우중충한 날이었다. 집에 가려고 버스에 올라타는데, 갑자기 역한 냄새가 코를 찔렀다. 저만치 뒷자리를 보니 독일 아이들 몇 명이 뭔가를 열심히 먹고 있었다. 되너 케밥이었다. 아이들은 수다를 떨면서 맛있게 먹고 있었지만, 입 안에서 양고기와 함께 으깨진 양파, 마늘 소스 냄새는 창문도 열 수 없게 되어있는 신형 2층 버스 안에 무차별하게 퍼져 있었다. 순간, 내 안의 괘씸한 심보가 똬리를 틀었다. 난 얼굴을 한껏 찡그리고 아이들을 빤히 쳐다봤다. 그러면서 속으로 이렇게 뇌까렸다. '거봐, 너희들도 그렇게 먹으면 입에서 마늘 냄새도 나고 양파 냄새도 나잖아. 그런데 맛있잖아. 그렇지?

서유럽의 선진국이나 미국에서 살아본 사람이라면 누구나 최소한 한 번쯤 마늘 냄새가 난다고 무시하는 일부 못된 서양 사람에게 당해본 경험이 있을 것이다. 내 경험은 더 끔찍했다. 집세 보증금을 되돌려 받기 위해 찾아간 기숙사

사무실의 여직원이 내가 입을 열기도 전에 2미터 전방에서 손사래를 치며 마늘 냄새가 난다고 코를 막는 시늉을 했다. 그 여직원은 정말로 냄새가 나서 코를 막은 게 아니라 동양인을 깔보는 심보 때문에 과장을 한 거였다. 내가 정작 화가 난 건 그 때문이다. 생마늘이나 양파 냄새라면 나도 싫다. 인천에서 서울로 통학하던 대학생 시절, 한 번은 전철 안에서 돼지 삼겹살에 생마늘을 듬뿍 얹어서 먹었을 것으로 짐작되는 아저씨 옆에 섰다가 아저씨가 갑자기 트림을 하는 바람에 헛구역질을 한 적도 있었다. 고개도 돌릴 수 없을 만큼 꽉 찬 '지옥철' 안이었다.

한국에서 손님이 찾아오면 이틀이 채 지나기 전에 꼭 던지는 질문이 있다. "가장 독일적인 음식은 뭔가요?" 그럴 때마다 난 난감한 표정으로 소시지나 감자요리 등을 나열하지만 상대방은 뭔가 아니라는 듯 고개를 갸우뚱한다. 외국인들이 '한국' 하면 불고기, 김치, 냉면 을 떠올리듯, 뭔가 '국가 대표급' 독일 음식을 꼽아달라는데 겨우 소시지와 감자요리 정도를 나열하니 사람들이 의아해하는 것도 당연하다. 하지만 사실 내 머리에 제일 먼저 떠오르는 음식은 감자나 소시지보다도 '되너 케밥' 이다. 요리하기 귀찮거나 시간에 쫓길 때마다 내가 사먹은 되너 케밥만 해도 웬만한 가게의 며칠 매상 분은 될 정도로, 난 그동안 한 개에 우리 돈으로 3천 원 정도 하는 되너 케밥을 참 많이도 먹어치웠다.

여유 있는 독일인들이 일본 음식점이나 이태리 레스토랑에서 외식을 즐길 때, 서민들은 되너 케밥을 먹는다. 되너 케밥은 독일인들의 입맛을 길들여놓은 터키식 햄버거다. 터키의 전통음식인 케밥을 지금처럼 패스트푸드 형태의 되너 케밥으로 독일 전역에 퍼뜨린 장본인은 터키에서 단순 노동자로 독일에 들어왔다가 일자리를 잃은 사람들이었다고 한다. 되너 케밥의 가장 큰 매력은 느끼하지 않다는데 있다. 수직으로 세운 대형 꼬챙이에 50킬로그램쯤 되는 거대한 양고기를 끼워서 천천히 돌리면 한쪽 벽면에 설치된 불판에서 고기가 익게 되어있는데, 고기가 익는 동안 기름기는 밑으로 빠진다. 담백한 맛의 양고기가 이렇게 익고 나면 얇게 썰어서 터키식 빵에 끼워서 주는데, 이때 양상추와 오이, 토마토, 양파 등이 첨가된다. 빵의 안쪽 면에 마늘 소스나 고추장 비슷한 핫소스를 발라주기 때문에 우리 입맛에도 딱이다. 현재 독일 내에서 되너 케밥의 총매출액은 맥도날드와 버거킹 햄버거를 합친 것보다 많다고 하니, 그 정도면 위력이 짐작된다. 물론 햄버거처럼 마요네즈와 케첩이 커버해주지 않기 때문에 먹다 보면 입안에서 양파 냄새가 진동을 하지만 먹는 사람은 물론 모른다. 독일에서 생활한 지도 벌써 몇 년이 지났지만 아직까지도 내가 가장 긴장을 늦추고 독일 친구를 대하게 되는 건 함께 되너 케밥을 먹으면서 수다를 떠는 순간이다.

큰 형

언제나 그렇듯 우울증 걸리기 딱 좋은 날씨 속에, "독일영화 만세", "유럽통합 만세"를 부르짖으며 그들만의 애국심으로 똘똘 뭉쳤던 2002년 제 52회 베를린 영화제의 한파가 또 한 차례 지나가더니 예년보다 2주 일찍 찾아온 봄이 이제는 완연하다. 세월이 너무 빠르다.

영화제가 시작되기 전부터 난 개막작으로 화제를 불러일으킨 독일감독 톰 틱베어(Tom Tykwer)의 영화 〈Heaven〉에 촉각을 곤두세우고 있었다. 과연 톰은 빔 벤더스만큼 '클' 수 있을 것인가? 소금에 생선 절이듯 영화제 시작 전부터 머릿속에 재워둔 화두는 그거였다. 하지만 막상 영화제 첫 날, 나는 톰의 영화를 보고 나오면서 영화제목 〈Heaven〉은 '천국'이 아니라 아무래도 그냥 '하늘'인 것 같단 생각이 들었다. 그리고 가끔씩 TV에서 톰의 영화들을 보면서 '이제 독일영화가 다시 전성기를 맞는구나' 하고 내심 기대를 가져보았던

51. Internationale
Filmfestspiele
Berlin

성급한 마음도 일단은 접어버렸다.

그런데 정작 더 재밌는 건 언론의 반응이었다. 영화제가 끝나기 무섭게 쇄도하는 인터뷰 요청에 각 방송국으로 불려 다니던 톰, 그에게 예외 없이 쏟아지던 첫 번째 질문은 그거였다.

"정말로 헐리우드에서는 배가 불쑥 나온 제작자들이 시가를 입에 물고 어깨를 툭툭 치면서 얘기하던가요?"

이번 영화가 헐리우드 자본으로 제작된 톰의 첫 번째 영화라는 점을 염두에 두고 하는 말들이었다. 이런 대목도 있었다.

"실례지만 솔직히 말하면 감독님은 시골서 상경해 스타감독이 되어서 헐리우드까지 진출하셨는데요…." (톰의 고향 부퍼탈이란 도시는 피나 바우쉬(Pina Bausch)라는 현대무용가와 그녀의 '탄츠테아터(Tanztheater, 춤극)'가 아니었다면 어디 붙어있는지도 몰랐을 무명 도시인 건 사실이다.)

여기까지 듣다가 난 채널을 돌려버린다. 다시 헐리우드인가. 이제는 좀 지겨울 때도 되지 않았나. 저 아나운서는 자존심도 없나. 헐리우드의 준 메이저급 영화사가 자본 좀 댄 게 뭐 그리 대수라고 표현주의 무성영화, 60년대 뉴 저먼 시네마 (New German Cinema)의 전통에 대한 이야기는 온데간데없고 비교대상이 겨우 헐리우드란 말인가….

그리고 난 문득 영화제 말미에 조용히 영화제를 찾았던 뉴저먼 시네마의 '큰형' 생각을 다시 떠올렸다.

알렉산더 클루게의 기자회견장을 찾은 동양인은 나 말고 거의 없었다. 일찌감치 맨 앞줄에 자리 잡고 앉아 샌드위치로 끼니를 때우던 로이터통신 사진기자가

lmfestspiele B

흘끔흘끔 나를 쳐다본다.

알렉산더 클루게. 영화광이 아니라면 익숙한 이름은 아니다. 우리에게 그래도 덜 낯선 독일감독들은 따로 있다. 〈베를린 천사의 시〉, 〈파리 텍사스〉의 빔 벤더스 감독, 〈양철북〉의 폴커 쉘렌도르프, 그리고 〈마리아 브라운의 결혼〉, 〈불안은 영혼을 잠식한다〉의 파스빈더…. 어째 나열을 해놓고 보니 60년대 '뉴저먼 시네마' 감독들을 연대순으로 거꾸로 나열한 것 같다. 뉴 저먼 시네마라면, 제2차 세계대전 이후 헐리우드 저급영화가 판치던 1960년대의 분단서독에서 '아버지의 영화는 죽었다' 며 프랑스 누벨바그의 영향을 받은 일군의 작가들이 독일영화 부흥을 일구어냈던 영화운동 아닌가. 독일영화계의 샛별 톰이 방송국으로 불려 다니며 곤욕을 치르고 있는 지금, 독일 영화의 자존심을 치켜세웠던 쟁쟁한 선배들은 지금쯤 다들 어디서 무얼 하고 있는 걸까.

먼저, 뉴 저먼 시네마의 막냇동생 빔 벤더스는, 금년 영화제에 다큐멘터리영화 〈많은 일들이 일어났다〉를 내놓았다. 빔 벤더스는 음악이 무지 좋은 모양이다. 〈부에나비스타 소셜 클럽〉에 이어 또 음악영화다. 음악영화가 나쁘다는 건 아니다. 하지만 난 그가 〈파리 텍사스〉같은 영화들을 좀 더 많이 만들어주었으면 좋겠다. 그런데 준비 중인 차기 작품 역시 또 음악에 대한 영화란다. 폴커 쉘렌도르프는, 2년 전 〈총성 뒤의 고요〉를 베를린영화제에 선보이더니 금년에는 고요했다. 파스빈더야 뭐 이미 20년 전, 서른일곱 살의 나이로 담배를 입에 문 채 침대에서 요절해버렸으니 역시 고요할 수밖에 없다. 뭐든지 과하면 안 된다는 교훈을 남겨준 파스빈더 감독, 그의 사인은 과로, 과식, 과음, 약물 과다복용 등으로 추정되지만 자살일 가능성도 배제할 순 없다고들 한다. 문제는 뉴 저먼 시네마의 맏형이라는 이 사람, 알렉산더 클루게다. 금년 영화제는 그에 대한 오마주로 1979년 작품 〈애국자〉를 비경쟁 부문에 초청했다. 하

지만 발표된 지 20년도 넘은 작품에 대해 더 물어볼게 없기 때문일까. 기자회견장은 썰렁한 분위기 속에 국내 기자들의 질문이 이어졌지만, 경쟁부문처럼 분위기가 달아오를 수는 없었다. 나 역시 언제 또 볼지 모르는 이 큰 형의 사진만 몇 장 찍고는 조용히 자리를 빠져나왔다.

내가 그의 이름을 다시 만난 건 영화제가 끝나고 난 뒤, 집에 잔뜩 쌓인 자료들을 정리하다가 우연히 발견한 잡지기사 속에서였다. 요약하자면, 클루게는 그동안 영화판 접어두고 극장영화 최대의 적인 텔레비전, 날로 상업화, 저질화되어가는 텔레비전 방송을 초토화시키기 위해 각개전투를 벌이고 있다는 내용이었다. 어라?. 난 다시 큰 형에 대한 뒷조사를 시작했다.

확실한 정보통의 말을 빌면 클루게는 TV방송에서 금기시 하는 모든 것들을 TV에서 자행하는 사람으로 악명이 높다. 미 제국주의를 비판하고, 무성영화시대처럼 시커먼 화면 가득 수시로 자막설명이 뜨는가 하면, UFO에 관한 다큐멘터리에서 히틀러 사진이 몽타주로 등장한다. 진짜인지 가짜인지도 모르는 두뇌연구가와 몇 시간동안 인터뷰를 진행한 적도 있다.

클루게가 진행하는 인터뷰는 엉뚱한 질문 던지기로 악명이 높다. 인터뷰 일화 가운데 한 대목. 스파이크 리 감독에게 클루게가 물었다.

"감독님은 오페라를 좋아하십니까?"

'오페라라고? 이 사람이 지금 장난치나? 새로 만든 영화얘기는 안 물어보고…' 짜증이 난 스파이크가 시원찮게 대답한다.

"안 좋아하는데요."

그러자 클루게가 날리는 스파이크 한 방.

"당신이 최근에 만든 그 영화가 바로 21세기의 오페라입니다."

알렉산더 클루게

재밌는 건 클루게의 프로그램들이 상업방송 세 군데를 통해서 고정적으로 전파를 타고 있단 사실이다. 독일의 상업방송국들은 요즘 밤 열두시 땡, 하면 전라의 스트리퍼들이(진짜로 홀딱 벗는다.) 등장하는 폰섹스 광고로 도배를 한다. 이런 시간대에 상업방송에서 가장 실험적인 작품, 다큐멘터리를 내보낸다는 것 자체가 웃기는 모양새다. 이 사람, 도대체 뭘 어쩌자는 걸까?

클루게는 민영 상업방송들이 인간의 의식을 저질 식민지화시켜버릴 위험성을 안고 있단 사실을 일찍부터 간파한 인물이다. 안되겠다 싶어진 그는 인간의 의식을 좀먹고 나날이 저질화하는 심야프로그램 한 복판에 떡 버티고 앉아 시청자의 문화수준을 업그레이드하기 위한 실험을 자행하기 시작했다. 그는 우선 치밀한 로비스트로 둔갑, 방송국이 프로그램의 내용에 간여할 수 없도록 국가권력을 빌어 제작의 독립권을 따냈다. 그러고는 미디어 아트전에 가야 볼 수 있을까 말까 한 프로그램들을 보여주었다. 물론 비용은 방송사에서 받아냈다. 방송사로부터 받는 돈은 우리 돈으로 환산하면 일주일에 약 6천만 원, 하지만 저렴한 제작비를 감안하면 일주일에 3천 5백만 원 이상의 순이익을 챙기고 있다. 벌써 14년째 이어지고 있는 뻔뻔스런 행각이다. 방송국 사장들은 클루게가 시청률 잡아먹는 킬러라고 아우성을 치지만 실제 시청률은 8%를 넘을 때도 있다. 언제고 이들 방송국이 클루게에게 반격을 개시, 스트립쇼와 에로영화 사이에 엉덩이 디밀고 있는 그의 프로그램을 잘라버릴 경우에 대비, 얼마 전에는

독일의 유력 시사잡지인 '슈피겔' 지와 합작으로 XXP라는 방송국까지 설립했다. 언론사 사주가 된 셈이다. 이게 바로 1960년대 뉴 저먼 시네마의 큰 형 알렉산더 클루게의 근황이다.

1966년 베니스 영화제에서 은사자상을 수상, 뉴 저먼 시네마의 존재를 검증받아냈던 큰 형의 영화제목은 〈어제와의 이별〉이었다. 치열하게 어제를 살아낸 사람일수록 이별 역시 홀가분하게 할 수 있는 것일까. 그가 살아온 행적을 더듬어보면 한 사람의 몫이라고는 상상할 수 없다. 법학박사, 변호사, 영화과 교수, 영화감독, 프로덕션 사장, 작가, 로비스트, 매니저, 방송사 오너…. 후배들이 영화 만들고 있을 때 클루게는 반대쪽으로 튀었다. 극장영화 잡아먹는 바보상자 속으로 직접 뛰어들었다. '후배들아, 너희들은 영화 만들어라. 나는

사람들이 너들 영화 돈 내고 찾아가서 볼 수 있을 만큼 그들의 의식을 계몽해 놓으마….'

자가 발전하는 유학생활, 오전에는 생활비를 벌기 위해 아르바이트를 하느라 괜찮은 영화들을 번번이 놓쳐야했지만, 알렉산더 클루게와의 짧은 만남은 내게 적지 않은 파장을 남겼다. 나름대로 건진 영화제인 셈이다. 동물의 왕국보다 더 치열한 자본주의 사회를 향해 적극적으로 돌진, 그들과 맞짱 한 판, 그리고 결국은 하고 싶은 예술 하면서 본인은 자본까지 모으는데 성공한 큰 형을 알현할 기회가 있었는데, 영화 몇 편 놓친 게 무슨 대수겠는가 말이다.

연극이 아직도 희망인 이유,
문화를 빚어내는 문화양조장(Kulturbrauerei)에서 만난
극단 람바참바(Ramba Zamba)

"벌써 5박 6일이 지났어요?"
서른을 훌쩍 넘은 두 사람이 배낭을 짊어지고 베를린을 찾아왔다. 아는 사람의 소개를 받고 찾아왔으니 나와는 초면인데도 불과 일주일쯤 지나고 나니 또 남 같지가 않다. 관광객들이 못보고 지나치는 구석구석을 보여주려고 서둘러 움직였다. 정작 며칠 있으면 떠날 사람들보다 내 마음이 더 바빴다. 그 중 한 친구가 결국 내 꼬임에 빠져서 로모 카메라를 사겠다고 하는 바람에 두 사람이 베를린을 떠나기 전 날, 오랜만에 로모 앰버시에 들렀다. 6개월 전 마지막으로 본 마이크는 그 사이에 몰라보게 키가 컸고, 요아힘은 다른 도시로 출장 중. 로모 카메라를 사들고 어린아이처럼 좋아하는 친구 모습이 꼭 1년 전 내 모습 같다. 행여 실수라도 할까, 일일이 사용법을 일러주고 그것도 못 미더워서 한 번 더 내 눈앞에서 필름 감는 걸 확인하고 나서야 잔소리를 멈췄다. 내 성격 탓이다.

구나르

돌아오는 길목, 먼발치에 양조장 굴뚝이 보였다. '아차, 여길 안 보여 줬구나. 하긴 나도 제대로 구경한 적이 없었지….' 예전엔 양조장이었는데 지금은 술 대신 문화를 빚어내는 '문화양조장'으로 바뀐 곳, 언제고 한번 와 봐야지 했는데 번번이 기회를 놓치곤 했다. 하지만 늦기 전에 그래도 브란덴부르크 문 앞에서 기념사진 한 방은 박아야 한다는 대세에 밀려 양조장은 대충 둘러보고 얼른 빠져 나와야만 했다. 얼핏 본 연극포스터가 계속 눈에 아른거렸지만 시간이 없었다.

난 다음에 또 오면 되지 뭐. 혼자서….

극단 람바참바(Ramba Zamba)

그 날 내 눈에 박혀서 일주일 내내 아른거리던 포스터는 양조장 건물에 둥지를 틀고 있는 극단 '람바참바'의 공연포스터였다. 다운증후군 환자의 얼굴이 크게 클로즈업되어 있었다. 그리고 1주일 뒤, 난 하이너 뮐러의 작품 '메데아' 공연이 있는 날 다시 양조장을 찾아갔다.

참 희한한 게, 지금까지 독일에서 본 공연 가운데 가장 인상 깊었던 작품이 2년 전에 본 〈메데아〉였다. 동베를린의 창고소극장에서 보았는데, 영화 〈보니 앤 클라이드〉식으로 각색된 〈메데아〉를 보고 손바닥이 아프도록 박수를 친 적이 있었다. 이날 저녁의 〈메데아〉 공연을 보고서 난 다시 한 번 손바닥이 얼얼해질 때까지 박수를 쳤다. 배우들이 다운증후군 환자라서가 아니라 정말로 연기와 연출이 좋아서였다.

집에 돌아오자마자 난 연출자 앞으로 메일을 한 통 넣었다.

" 다음주에는 〈미녀와 야수〉 공연을 보러갑니다. 끝나고 좀 뵈었으면 합니다…."

'미녀와 야수'를 보던 날,

옛날 옛날에 왕과 왕비가 살았습니다.
그런데 두 사람 사이에 태어난 왕자는 괴물이었습니다.
그래서 왕비는 몹시 슬펐습니다.

장애인들이 단체관람을 왔다. 그 중 절반 정도는 다운증후군 환자였고, 다른 사람들도 모두 정신장애인 들이었다. 나이가 쉰 살쯤 되어 보이는 남자가 로비에서 내게 반갑게 인사를 했다. 물론 처음 보는 얼굴이었다. 꼽추처럼 허리를 똑바로 펴지 못하는 남자가 나를 치켜 올려다 보며 어린아이처럼 환하게 웃었다. 내가 들고 있던 1유로 50센트짜리 팸플릿에서 내내 눈을 떼지 못 하던 남자는 팸플릿 사는 걸 도와달라며 내 손을 잡아끌고 카운터로 갔다. 하지만 아무리 뒤져도 남자의 호주머니에서 나온 동전은 1유로 15센트를 넘지 못했다. 낙담한 표정으로 돌아서던 남자가 갑자기 내 팔을 꼭 붙잡고 어린아이처럼

보챘다.

"나 이거 사줘."

어떻게 하는 게 잘하는 걸까. 사줘야하나, 말아야 하나. 잠시 망설여졌지만, 결국은 팸플릿을 사서 손에 쥐어주었다. 남자가 아이처럼 발을 구르며 좋아했다. 와인을 한 잔 마시고 있는데 누군가 나를 지켜보고 있는 느낌이 들었다. 한 장애인과 보호자가 나누는 대화가 내 귀에까지 들렸다.

"나도 와인 마시고 싶어"

"안 돼. 넌 네가 가난하단 사실을 받아들이고 거기에 익숙해져야만 해."

가슴이 뜨끔했다. 그래, 난 그 남자에게 팸플릿을 사주면 안 되는 거였다. 내가 사준 1유로 50센트짜리 팸플릿은 영화 〈제 8요일〉에서 아리가 차창 밖으로 내던졌던, 조르주가 자살하기 위해 옥상에서 꾸역꾸역 입 속에 쑤셔 넣던 초콜릿과 다를 게 없었다.

책임질 수 없는 인생에 함부로 끼어들면 안 되는 거다.

야수

왕자가 어느 날 왕비에게 이렇게 말했습니다.
"엄마, 나도 이제 부인을 하나 가지고 싶어요.
만약에 부인을 데려다주지 않으면 엄마를 잡아먹어 버릴 거예요."
왕비는 아들에게 두 명의 신부를 데려다 주지만
왕자의 끔찍한 모습을 본 신부가 질겁하자
왕자는 신부를 잡아먹어 버렸습니다.

왕자 역을 맡은 배우 구나르는 정신장애가 몹시 심하다. 복도에서 만난 나를 보고 구나르가 먼저 말을 걸었다.

"넌 누구니?"

45도 각도로 비스듬하게 바닥을 내려다보며 우렁찬 목소리로 내게 말을 건 구나르, 하지만 그는 내 대답도 듣지 않고 벌써 딴 생각을 하고 있다. 그 날 저녁, 구나르의 연기는 몹시 그로테스크했고, 맨 앞줄에 앉아서 구나르가 까먹을 때마다 대사를 읽어주던 프롬프터의 목소리는 관객에게 들릴 정도로 컸지만 그런 건 아무도 신경 쓰지 않았다.

연극이 끝나고

스탭들이 모여서 샴페인을 터뜨렸다. 다른 극단 같으면 화장을 지우고 옷을 갈아입은 배우들이 하나둘씩 모여들기 마련이지만, 배우라고는 옷도 못 갈아입고 나 때문에 바로 자리에 끼어든 연출자 겸 배우 클라우스 뿐이다. 다른 배우들은 보호자와 함께 벌써 다들 집으로 돌아가고 없다. 조명담당 안드레아스는 내가 한국에서 왔다는 사실에 대해 굉장한 관심을 보인다. 남북한이 언제 통일이 되느냐고, 몇 번이나 내게 물어본다. 한쪽에선 수다를 떠느라 정신이 없다. 핸드폰 소리가 울리자 단원 하나가 주머니를 뒤졌다.

"여보세요, 뭐라고? 나 지금 없어."

안드레아스에게 내가 물었다.

"쟨 이름이 뭐야?"

"누구? 지금 전화 받는 애? 몰라. 새로 들어온 단원 같은데. 얘들아, 재 이름 뭐냐?"

"나도 몰라."

단원들은 아무렇지 않게 다시 스칸디나비아의 기차역에 대한 얘기를 계속했

고, 클라우스와 나는 어떻게 하면 연극이 사회와 생산적인 소통을 할 수 있는가에 대해 열심히 떠들었다.

샴페인이 다 떨어지자 누군가 캐비닛 안에 깊숙이 심어둔 레드와인 한 병을 꺼내왔다. 시간은 자정을 슬쩍 넘겼고 창밖으로는 여전히 비가 내리고 있었다. 개 같은 독일날씨를 안주 삼아 질겅거리며 우린 계속 와인을 마셨다.
다음에 올 땐 와인을 두 병쯤 챙겨와야겠단 생각이 들었다.

극단 람바참바 히스토리

1991년, 다운증후군에 걸린 아들을 둔 연극인 부부 클라우스와 기젤라가 만든 극단 람바참바는 50명의 단원 중 대다수가 다운증후군환자들이고, 다른 정신장애인과 소수의 기성연극인들로 구성된 극단이다. 클라우스와 기젤라 두 사람이 각자 연출을 맡는 두 팀으로 나뉘어져있는데, 얼핏 보면 학예회 잔치보다 소란스럽고 무질서해 보이지만 작품성은 전문극단에 어울리는 최고수준을 유지하고 있다. 수상경력도 적지 않다. 그래서일까. 처음 보는 사람은 좀 당혹스러울 정도로 이들의 자부심(콧대높다는 말을 들을 정도로)은 대단하다. 하지만 그런 자존심과 '콧대'가 아니었다면, 당당한 예술을 일구어내는 이들의 노력이, 정신장애인들의 임상치료용 놀이 정도로 치부될 수도 있었을 거란 생각이 들기도 한다.

다음날, 연습실

배우 하나가 연습도중 울음을 터트렸다. 연극과 전혀 상관없는 대목이었다. 기분이 울적해지면 아무 때나 울음을 터뜨리는 배우가 종종 있단 사실은 람바참바의 연습실을 세 번쯤 찾아갔을 때 내게도 익숙해졌다. 영문을 알 수없이 외치는 고함이나 울음소리는 공연도중에 객석에서도 종종 터져 나왔다. 그럴

클라우스

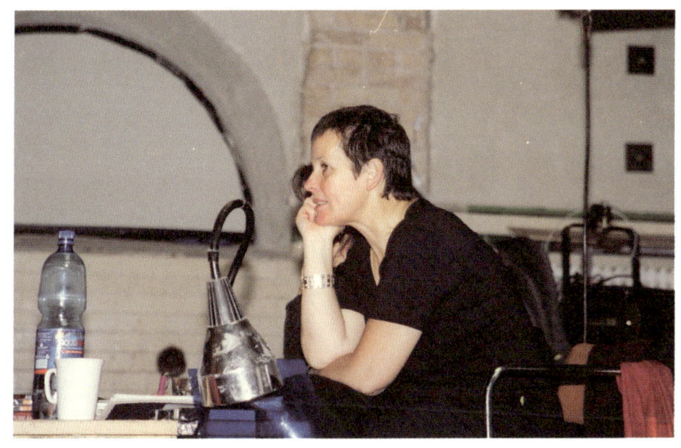

기젤라

땐 그저 다 같이 기다려주는 수밖에 없다.

연출자, 클라우스와 기젤라

"배우에게 있어서 가장 바보 같은 짓이 뭔지 알아? 네가 뭘 해야 하는지 다른 사람이 끊임없이 얘기해줘야 한다는 거야."

심신이 건강한 사람도 들으면 자존심이 상할 소리를 클라우스는 아무렇지 않게 던진다. 진지하게 경청하고 있는 구나르는 그 순간 '정신장애인'이 아니라 그냥 배우일 뿐이다. 모진 소리를 들은 구나르가 발작적으로 울음을 터뜨리기라도 하면 어쩌나, 난 조마조마하기만 한데, 구나르는 흥분하지 않는다.

구나르는 이제 밖에서 다른 사람들이 바보라고 놀려도 씩씩하게 대처할 수 있을 것 같단 생각이 들었다.

기젤라와 클라우스의 아들 모리츠는 기젤라 팀의 '대장'이다. 모리츠는 극단

내에서도 최고의 연기자로 정평이 나있다. 모리츠와 넬리가 아담과 이브역을 연습하는 자리에 슬쩍 끼어들었던 날, 순도 120퍼센트의 불꽃처럼 감정을 피워 올리는 아이들의 연기를 보다가, 정말 모자란 건 나약하고 게을러터진 나 같은 인간들이 아닐까, 그런 생각을 해봤다.

다운증후군 환자의 평균수명은 80년대에 25세였는데, 최근에는 49세까지 길어졌다고 한다.

극단에서 나이가 가장 많은 배우가, 연습을 마치자마자 갑자기 손을 버쩍 치켜들면서 외쳤다.
"우린 지금 연극을 하고 있는 거야. 난 배우야. 난 연극배우라고!"
이들에게 꿈을 줄 수 있는 연극이, 척박한 세상에, 이들에게 배역을 하나씩 맡겨준 연극이 참 고마웠다.

여담, 나쁜 아이 바비
1993년 베니스 영화제에서 심사위원 특별상을 받았던 롤프 드 히어 감독의 〈나쁜 아이 바비(Bad Boy bubby)〉라는 호주영화가 있다. 누가 나에게 일생에 잊지 못할 영화 세 편을 꼽으라고 한다면, 두 손가락은 수시로 바꿔들 수 있지만 하나만큼은 언제고 자신 있게 치켜세울 수 있다. 〈나쁜 아이 바비〉는 내게 그런 영화다. 만약에 신이 정말로 존재한다면, 신에게 좀 더 가까이 다가서 있는 사람들은 장애인들일 거란 생각을 갖게 해 준 영화다.

THEATER
RAmba
ZaMbA

해시계 재단, 극단 람바 참바 Sonnenuhr e.V. Theater RambaZamba

주소: Schonhauser Allee 36 -39, Prenzlauer Berg

지하철 2호선 Eberswalder Straße 역에서 걸어서 2분 거리에 있다.

www.theater-rambazamba.org

아유 끔찍해, 저리 가!

신선한 아침공기를 가르며 자전거를 타고 달리는데 지나가던 꼬마아이가 나를 보더니 "칭창총!" 하며 놀린다. 동양 사람들은 죄다 중국인이라고 생각하는 독일 아이들은 동양 사람을 보면 중국 사람이 떠드는 소리를 어설프게 흉내 내서 그렇게 "칭창총"이라고 놀린다. 한두 번 겪는 일이 아니었지만 그날따라 왠지 호기심이 발동했다.

자전거를 세우고 아이에게 다가가서 물었다.

"얘야, 네가 보기엔 내가 중국사람 같니?"

매번 놀리면 못들은 척 하고 얼른 지나쳐버리는 동양사람들만 보아온 아이의 얼굴에 당황한 기색이 역력하게 드러난다. 내가 몇 번을 되묻자 아이는 오금이 저린 표정을 애써 감추며 나와 눈도 못 맞추면서 어깨는 당당하게 펴고 이렇게 말한다.

"아유, 끔찍해. 저리가!"

KaDeWe
Orte des Schreckens,
die wir niemals vergessen dür
Auschwitz
Stutthof
Maidanek
Treblinka

아이들을 뒤로하고 몇 미터 나아가자, 그제야 깔깔거리는 웃음소리가 내 뒤통수를 겨냥해서 터져 나온다. 나도 모르게 피식 웃음이 샜다.

외국사람 구경하기도 힘들던 시절, 우리도 어렸을 땐 서양 사람들을 보면 '코쟁이' 라고 놀렸다. 아무것도 모르는 우리들의 장난은 늘 아무렇지 않게 받아들여졌고 발끈하는 '코쟁이' 역시 단 한 번도 본 적이 없다. 서양 사람들은 코쟁이라고 놀리면 못들은 척 하고 고개를 숙인 채 얼른 지나치지 않았다. 오히려 우리와 똑같이 신기한 표정을 지으며 "헬로우!" 하고 다가와서 말을 걸었다. 그들은 우리보다 잘 살았고, 그래서 당당했다. 그런데 이곳 독일에서는 장난을 치는 아이들이 당당하고, 놀림 당하는 아시아 어른들은 대개 고개를 숙이고 얼른 자리를 피한다. 그게 싫었다.

아이들의 표정 속에서 인종차별이니, 선진유럽시민의 당당한 자존심이니 뭐 이런 걸 얼핏 읽어냈다면 그건 나의 지나친 피해망상일수도 있다. 하지만 '칭창총' 보다 더한 소리를 수도 없이 들으며 몇 년을 살다보니 어린 아이들의 장난조차 신경이 쓰일 만큼 '자라와 솥뚜껑' 이 어느새 내 안에 둘 다 들어앉았던 모양이다. 아무튼 나의 기습적인 대꾸에 놀라서, 한마디만 더하면 울음을 터뜨릴 것처럼 겁에 질렸던 아이를 생각하면 조금 미안한 생각이 들기도 한다.

베를린을 찾는 관광객들이 의무방어전을 치르듯 반드시 들르는 곳 가운데 하나가 페르가몬 박물관이다. 소설 속에서 또 다른 소설이 펼쳐지는 구조를 액자소설이라고 하듯, 페르가몬 박물관은 말하자면 액자박물관이다. 박물관 속에 또 다른 건물이 들어서 있다. 우연히 학교 식당에서 만난 유학생과 같이 가게 되었는데, 역사와 철학을 전공하던 그 여학생은 박물관에 들어서기 전부터 이미 처음 만난 나를 붙잡고 열변을 토하며 흥분했다.

그녀는 우리가 지금 찾아가는 곳이 박물관이 아니라 약탈의 현장이라고 했다. 못사는 민족이 방치해둔 유물이라고, 그들이 관리할 능력이 안 된다고 해서 어떻게 건물 하나를 통째로 옮겨다가 자기네 나라에 전시할 수 있느냐…. 얼굴에 핏발이 선 그녀의 분노는 박물관에 들어가서도 쉽게 수그러들지 않았다.

박물관에 들어섰을 때 제일먼저 내 눈에 들어온 건 이런 저런 전시물들이 아니라, 그 유학생을 분노케 했던 바로 어마어마한 기둥, 그리고 그 기둥이 떠받치고 있는 신전이었다. 고대 그리스, 지금의 터키 땅에 방치된 채 버려져있던 옛

제우스 신전을 1백여 년 전에 독일 사람이 발굴해서 베를린으로 옮겨온 것이 바로 지금의 페르가몬 박물관에 있는 이 신전이다. 내내 못마땅한 얼굴로 두리번거리는 친구를 보면서 난 이걸 어떻게 받아들여야 할까, 잠시 생각에 빠졌다. 여기보다 더한 루브르 박물관도 생각나고, 일본에 있는 우리 문화재 생각도 났다. 그때 마침, 눈앞으로 대여섯 살쯤 되어 보이는 어린 아들의 손을 잡은 독일아빠가 지나갔다. 아빠는 아들에게 뭐라고 열심히 설명해주고 있었다.

난 문득 궁금해졌다. 저 아빠는 지금 아이에게 뭐라고 설명해주고 있을까….

잠시 후 흐뭇한 표정을 한 중년의 독일관광객 수십 명이 또 내 앞을 스쳐지나갔다.

마음이 착잡해졌다.

얼마 전 베를린에 또 하나의 명소가 생겼다. 폴란드출신의 저명한 건축가 다니엘 리베스킨트가 설계한 유대박물관은 전시내용을 떠나서 건물 자체가 건축학도라면 한번쯤 순례해볼 만한, 그래서 개관도 하기 전에 이미 건물을 보기 위해 35만 명이 다녀갈 만큼 화제를 뿌렸던 '작품' 이다. 하루가 멀다 하고 저녁뉴스의 톱을 장식하는 이스라엘과 팔레스타인의 살육전 소식 때문이었을까? 늦잠에서 깨어난 주말 오후, 난 마치 오랫동안 미뤄둔 숙제를 하듯 유대박물관에 가봐야겠단 생각이 문득 들었다. 하지만 막상 박물관 앞에 가서 은색

아연으로 뒤덮인 차가운 초현대식 건물을 보는 순간, 숙연한 마음이 아니라 위압감부터 들었다. 내가 상상했던 유대 박물관의 이미지와는 전혀 다른, 나치의 만행과 유대인 학살의 과거보다는 다음 세기의 건축양식을 미리 보여주는 듯 당당하고 세련된 그 모습이 나를 주눅 들게 만들었던 것이다.

공항에서 검문검색을 하듯 철저한 소지품 검사를 하고 들어선 건물 내부는 수직-수평으로 이루어진 면이 하나도 없이 온통 비스듬하게 설계되어있었다. 박물관을 돌아다니는 동안 내내 불안감이 가시지 않도록, 그래서 강제수용소에서 학살당한 유대인들의 심정을 간접적으로 체험하도록 의도적으로 계산된 설계라고 했다. 내부의 전시물들은 대부분 '지난 수천 년 동안 유대인들은 이렇게 박해를 받으며 살아왔다' 는 사실을 알려주는 교육용 자료들이었지만 그런 건 좀체로 내 눈에 들어오지 않았다. 그들이 의도한 것처럼 불안감을 느끼지도 않았다. 대신에 한 세기쯤 앞서 있는 듯한 건축물의 세련된 디자인과, 유대인들이 조달했을 어마어마한 건축비용을 상상하며 내내 주눅이 들어있었을 뿐이다.

세계 2차 대전 중 히틀러가 학살한 유대인의 수는 6백만 명에 달한다고 한다. 베를린의 인구가 350만 명이 채 안되니까, 얼추 베를린 시민 전체를 두 번 쯤 죽이면 나오는 수치다. 지나간 역사를 돌이킬 수는 없지만 잘못했다고 인정하고 반성할 수는 있다. 히틀러가 살았던 도시이고 지금은 통일독일의 수도인 베를린 한 복판에 이런 박물관을 짓도록 한 독일 사람들은 그래도 지나간 역사에 대해 반성할 줄 아는 민족이다. 얼마 전에는 11년간의 지리한 논쟁 끝에 유대인 기념비를 국회의사당 바로 앞에 건립하기로 결정했다. 과거에 똑같은 짓을 했어도 사후처리를 하는 방식을 보면 독일사람과 일본사람은 참 달라도 많이 다르다.

프랑스 애들은 말이 많다. 독일 애들 같으면 세 마디로 논리 정연하게 할 얘기를 프랑스 애들은 스무 마디 이상 늘려서 수다를 떤다. 아랍 애들은 허풍을 잘 떤다. 생전 들어맞지 않는 문법으로 독일어를 마구 떠들며 아무 여자나 붙들고 사랑한단 말을 무차별적으로 쏟아 붓는다. 그런 수법에 넘어가는 여자들도 종종 있는걸 보면 난 그 여자들이 더 신기하다. 그래도 지금까지 내 경험상으로 미루어 볼 때 가장 대하기 편한 건 프랑스 애들과 아랍 애들이다. 어딘지 빈 구석이 보이고 인간적인 녀석들은 대개 둘 중에 하나다. 가끔씩 파티에서 일본 애들을 만나면 난 절대로 그냥 넘어가지 않는다. 일단 서너 잔쯤 술을 마시고 나면 꼭 내가 먼저 다가가서 말을 건다. 꺼내는 화두도 늘 일정하다. '우리 아버지는 많이 못 배운 사람인데 일본말은 할 줄 안다. 왜 그런지 아느냐. 옛날에 한국말 못 쓰고 일본말 억지로 배워서 그렇다. 하지만 그건 네가 한 짓이 아니니까 어쩔 수 없다 치자. 근데 2차 대전이 침략전쟁이 아니었다고 아직까지 박박 우기는 요즘 일본 정치인들에 대해서는 어떻게 생각하냐?' 대개 이런 식으로 그들에게 단도직입적으로 시비를 건다.

다행히 지금까지 만나본 일본 친구들은 모두 내 말에 수긍했다. 그건 '잘못된' 거라고, 조심스럽게 말했다. 하지만 자기처럼 생각하는 게 일본에서는 일반적이지 않다고, 자기가 예외라는 말도 늘 잊지 않았다.

제 2차 세계대전도, 6.25 전쟁도 겪어보지 않은 세대에 속하는 내가 이런 고루한 감정을 품고 사는 건 내 방식이 아니다. 난 애국자도 아니고 세계평화를 원해본 적도 별로 없다. '좌' 에도 '우' 에도 충실해본 적이 없는 나는 80년대에

대학을 다녔다고 말할 자격이 없는 범생이에 속한다. 그런데도 난 일본 애들만 보면 매번 같은 질문을 던져서 꼭 시비를 건다.

2차 대전이 잘못이었다고 시인할 줄 아는 독일 사람들의 모습은 보기 좋다. 하지만 네오 나치의 극성이 많이 수그러들었다고 해서 아직 완전히 사라진 건 아니다. 수천 년 박해의 역사를 부르짖는 이스라엘 사람들 역시 지난 수십 년 동안 팔레스타인 사람들을 무지하게 많이 죽였다. 일본사람들은 여전히 독도가 자기네 땅이라고 박박 우기고 있다. 그런 일본은 싫지만 난 요즘 왕가위 감독의 영화보다 기타노 다케시 감독의 영화를 더 좋아한다.
단도직입적으로 싸잡아서 '옳다' 와 '그르다' 를 판단하는 건 정말이지 어린 아이 붙들고 '엄마가 좋으니 아빠가 좋으니?' 하고 묻는 것만큼이나 어리석은 짓이다.

어느 영화제든 핀란드 감독 아키 카우리스마키가 '떴다' 하면 영화제 전체가 조용히 술렁거린다. 몇 년 전, 오랜만에 신작을 발표한 카우리스마키가 베를린 영화제를 찾았을 때, 두 번이나 극장 문 앞에까지 갔다가 결국 인파에 떠밀려서 못 들어가고 돌아온 적이 있다. 카우리스마키는 그런 카리스마를 지니고 있다.

함부르크 영화제에 초청된 카우리스마키의 모습을 얼마 전 처음으로 TV에서 보았다. 〈레닌그라드 카우보이 미국에 가다〉의 감독, 〈과거가 없는 남자〉로 칸 영화제에서 심사위원 대상을 받은 그가, 뉴욕 영화제 초청을 거부하고 자신의 영화를 상영하지 못하도록 보이콧했다는 일화가 소개되었다. 이유는 미국이 제멋대로 '악의 축' 이라고 규정한 나라인 이란출신 감독 압바스 키아로스타미의 입국을 미국이 거절한데 대한 항의의 표시였다고 한다.

내 일이 아닌데도 타인의 고통을 공감하고 나눌 줄 아는 이런 사람들을 보면 절로 고개가 숙여진다. '우리 아버지' 를 아프게 했던 '그들' , 혹은 '나' 를 아프게 하고 있는 '너' 의 잘못을 따지기도 바쁜 세상에, 남의 고통을 함께 나눌 줄 아는 모습은 더할 수 없이 아름답기 때문이다.

니가 여자에 대해 뭘 알아

그녀 1

친구가 사랑에 빠졌다. 연애는 몇 번 해봤지만 나이 서른을 훌쩍 넘어서 생전 처음 해보는 사랑이라고 했다. 친구는 많이 불안하고 혼란스러워했다. 도둑질도 해본 놈이 한다고, 나처럼 몇 년 주기로 새로운 사랑을 하는 인간과는 격이 다르다.

친구는 자기감정이 어떤 건지 모르겠다고 했다. 해본 경험도 없으니 비교해볼 대상도 없고, 이 혼란스런 감정을 도무지 어떻게 이해해야 할지 모르겠다고 했다. 몇 달 전 담배를 끊었다던 친구가 내 담배 갑에 슬쩍 손을 얹는다. 이상하게 여자들은 나만 보면 담배를 피운다. 끊었다던 여자도 다시 물고, 원래 피우던 여자들은 아예 줄담배를 피워댄다.

"그런데 그게 말이야. 그 남자랑 둘이 손을 잡고 길을 걸어가는데, 주변에 있는

사람들이 하나도 안보이고 아무 소리도 안 들리는 거 있지. 꼭 단 둘이서 어디 깊은 동굴 속을 걸어가는 기분이더라."

친구의 목소리가 가늘게 떨렸다. 불안감…. 오랜 세월 이런 저런 맘고생으로 지칠 대로 지친 친구는 이미 마음속에 너무나 많은 바리케이드를 쳐놓은 모양이다. 그런 친구에게 거침없이 치고 들어오는 이 감정의 타격은 견디기 힘든 것이었다.

"이봐, 당신은 지금 사랑을 하고 있는 거야. 그거 사랑 맞아."

난 마치 의사처럼 단호하게 진단을 내려줬다. 그리고 바로 처방전을 써주는 것도 잊지 않았다.

"당신은 그럴만한 자격 있어. 너무 두려워하지 말고 지금의 그 사랑을 그냥 한껏 누려봐."

억지로라도 친구를 이 사랑 속에 디밀어 넣어주고 싶었다. 잠시라도 그 안에 푹 빠져보라고, 설령 몇 달 안 가서 깨질 사랑이라 해도 그 동안만이라도 행복해보라고 꼬드기고 싶었다.

생전 처음 주량의 세 배가 넘는 맥주를 마신 친구가 말똥말똥하게 눈을 뜬 채 네 병째 맥주를 주문했다. 친구에게서 한 번도 본 적이 없는 이런저런 눈빛들이 신호등처럼 깜박거렸다. 두려움, 낯섦, 일단정지, 행복, 다시 두려움, 파란불, 아니 빨간불. 그래도….

친구가 자꾸만 두려워했다. 행복하지만 두려워했다….

우리들의 주제는 결국 섹스 얘기까지 이어졌다.

"외국남자랑 연애를 하니까 그게 좋더라. '좋았다.' '별로였다.' 이런 얘기들을 그대로 표현할 수 있거든. '다음번엔 이렇게 해보자' 뭐, 이런 얘기도 자연스럽게 나오고 말이야. 근데, 한국남자한텐 그런 말이 잘 안 나오더라."

얼마 전 TV에서 본 인터뷰 장면이 떠올랐다.

10대 독일소녀를 붙들고 아나운서가 물었다.

"남자친구가 있다면 섹스를 할 건가요?"

"물론이죠, 남자친구는 나를 성적으로도 만족시켜 줘야 할 의무가 있다고 생각해요."

정말 상대가 외국인이라서 가능했던 걸까. 아니면 서른이 넘은 내 또래의 한국여자들이, 이미 오래 전에 폐기처분된 모럴에 스스로 얽매여 있는 건 아닐까. 아니면 아직도 정말 한국에서는 그런 표현을 여자가 하면 안 되나? 잠시 혼란스러워졌다.

"고마워, 내 얘기 다 들어줘서. 한잔 하니까 기분, 조~오타!"

손을 흔들고 돌아서는 친구의 뒷모습이 조금은 홀가분해 보였다.

그녀 2.

10년 만에 다시 그녀를, 그것도 베를린의 지하철역에서 만나게 될 거라고는 상상도 못했다. 대학시절 후배였던 그녀에 대한 기억은 사실 많지 않다. 늘 단정한 옷차림, 모범생에게 어울리는 머리스타일하며, 특히 내가 어울리던 무리에 속하지도 않았던 그녀에 대한 기억이 별로 없었던 건 당연한 일이다. 그럼에도 불구하고, 자정이 가까운 시간에 플랫폼에서 우연히 스쳐 지나가는 동양여자를 본 순간, 난 정확하게 그녀의 이름을 세 번 반복했다.

"ㅇㅇ야, ㅇㅇ맞니? 너 ㅇㅇ 맞지?"

일주일 뒤, 우린 중국집에서 만나 정식으로 다시 해후를 했다. 그녀와 약속을 하고 난 나는 가슴이 마구 두근거렸다. 그건 상황이 만들어주는 묘한 긴장감 때문이었다. 예전에 알았던 사람을 낯선 외국 땅에서 10년 만에 다시 만날 확률은 결코 높지 않다. 그 사실만으로도 난 이미 충분히 들떠 있었다.

하지만 생각보다 할 얘기는 많지 않았고, 서로 다르게 살아온 세월을 쉬지 않고 풀어낼 만큼 그녀에게 난 편한 선배가 아니었던 모양이다. 그녀는 어색한 표정으로 담배를 꺼내 물었다.

잠시 후 한 무리의 동양남자들이 식당으로 몰려들어왔다. 두런두런 들려오는 목소리를 들으니 한국 사람들이었다. 그녀는 얼른 담배를 가방에 챙겨 넣으며 자리를 옮기자고 했다. 서둘러서 담배를 감추는 그녀 모습이 낯설었다. 그리고 조금 신경질이 났다.

자리를 옮기고 세 시간쯤 지났을까, 맥주를 두 잔쯤 비우고 난 그녀가 지나가는 말처럼, 아니, 빨리 해버리고 잊어야 하는 말처럼 툭 내뱉었다.

"내 논문의 주제는 여성문제에 관한 거예요."

그제야 지난 세 시간 동안 내내 나를 불편하게 만들었던 어색함의 정체를 깨달았다. '여성문제' 에 관한 공부를 하고 있는 그녀의 한국남자에 대한 거부감, 다시 말하자면 '한국남자인 네가 여자에 대해서 뭘 알겠는가.' 라는, 그녀의 냉소적인 거부감이 10년만의 반가운 만남을 내내 가로막고 있었던 거였다.

중국집에서 서둘러서 담배를 감추던 그녀의 모습이 생각나면서 난 다시 신경질이 났다. 이런 젠장. 여기까지 나와서도 이래야 하나? 그냥 당당하게 좀 피우면 안 되나? 어차피 한국에 돌아가면 또 화장실에 숨어서 피워야 할 텐데? 그건 그녀에 대한 신경질이라기보다 그녀를 이렇게 길들인 한국남자들, 아니 그 시스템에 대한 신경질이었다.

"한국사회에서 여성의 적은 바로 여성 자신이야."

가끔씩 미끼를 던질 때가 있다. 그건 싸움을 걸기 위한 게 아니라, 화두를 던져서 상대방이 말문을 트도록 만드는 절차 같은 거다. '한국사회에서 여성의 적은 바로 여성 자신' 이라는 생각은 내 나름대로 여성문제에 대해 많은 고민을 해본 끝에 내린 결론 가운데 극히 일부분에 지나지 않았다. 많은 설명이 필요한 얘기지만 난 홧김에 선거유세처럼 확신에 찬 어조로 후배 앞에 내 말을 툭 던져버렸다.

후배는 이미 내 얘기를 도전으로 받아들였고 더 이상 나와 대화를 할 생각이 없어진 듯 했다. 그 날의 만남은 그래서 생각처럼 유쾌하지 않았다. 그녀는 아마도 헤어지면서 '그럼 그렇지' 하는 생각을 했을 것이고, 난 '이게 아니었는데…' 하고 속으로 혼자 중얼거렸던 것 같다.

그녀 3

"사랑은 하고 나서가 문제야."

한 번도 제대로 사랑을 해보지 않았다는 그녀가 맥주를 네 병째 비우더니 불쑥 내뱉은 말이었다.

"그게 말이지, 할 때는 좋은데 끝나고 나면 문제라니깐!, 조금 지나면 다 잊혀지잖아. 그건 환상이야. 사랑이 아니라 환상"

그 날 저녁, 내가 왜 그녀와 술을 마시기 시작했는지는 기억에 없다. 다만 초저녁에 만난 우리가 혀가 꼬부라질 때까지 마시기 시작한 건, 지금까지 만났던 몇 명의 남자친구들과 자면서 한 번도 오르가즘을 느껴본 적이 없다는 그녀의 이야기가 내 술기운을 확 깨게 만들어버렸기 때문이다.

"남들이 변태라고 해도 상관없어. 오르가슴을 느낄 수만 있다면 난 색다른 경험도 해보고 싶어."

이런 말을 할 수 있는 그녀가 나에겐 잘 훈련된 페미니스트보다 더 멋져 보였다. 난 그녀가 오르가슴을 느껴보기 위해 온 몸에 까만 가죽옷을 입고 남자한테 자길 때려달라고 애원하지 않을 거라는 걸 안다. 하지만 그녀의 의식은 이미 '해방' 되어있었다. 난 그녀에게 "한국 사회에서 여성의 적은 바로 여성 자신이야" 따위의 말은 지껄이지 않았다. 하긴 내가 그런 말을 지껄였더라도 그녀는 껄껄대고 웃으며 맞장구를 쳤을 것이다. 대신에 난 그녀에게 '처녀성' 이라는 기본적인 화두를 던졌다.

"내가 나중에 정말로 사랑하는 사람을 만날 때쯤, 그때는 너무 늦지 않을까 싶어서, 그때쯤은 나의 처녀성이 오히려 부담스럽게 느껴지지 않을까 싶어서, 그냥 우연히 만난 사람에게 줘버렸어."

유학을 오기 전 무역회사에서 2년쯤 직장생활을 해본 그녀는 술만 마시면 돌부처 같은 자세로 앉아서 껄껄대고 웃으면서 똑같은 멘트를 했다.

"세상에 좋은 놈은 없어. 나쁜 놈하고 나쁘지 않은 놈이 있을 뿐이지."

우린 머나먼 베를린 땅에서 둘도 없는 술친구다.

에필로그, 또 다른 그녀

"자기가 하고 싶은 대로 일방적으로 끝내고 나면 뒤도 안 돌아보고 샤워를 하러 욕실로 들어가 버리는 남자친구의 등을 볼 때마다, 난 매번 그 놈을 죽여 버리고 싶었어요."

다 못 그린 그림은,

내 전화 받고 많이 놀랐나요? 설마 내가 당신에게 전화를 할 줄은 몰랐겠죠. 나 역시 상상하지 못했던 일이에요.
출근한지 한 시간도 채 안된 당신은 지구 반대편에서 걸려온 술 취한 전화가 너무 낯설어서, 거긴 지금 몇 시쯤 되었냐고, 너무나 낯설어하는 당신이 아무래도 어쩔 수 없는 소시민 같다고 부끄러워하며 호호 웃었어요.

정말 많은 시간이 흘렀네요. 당신 목소리가 예전과 하나도 다르지 않아서 얼마나 다행이었는지 몰라요. '아무개입니다' 하는 당신의 목소리를 듣는 순간, 그냥 느껴졌어요. 당신은 예전 그대로라는 거….
두서없이 정신없게 떠드는 것도 그렇고, 문법 문맥 다 무시하면서 그 와중에 야무지게 할 말 다 하는 것도 그렇고, 달라진 게 하나도 없었어요.
사실은 내가 무슨 얘기를 했는지 한 개도 기억나지 않아요.

그래도 꽤 오래 통화를 했는데, 그냥 당신과 얘기를 하고 있단 사실만으로도 가슴이 벅차서, 마음이 편안해져서 당신이 하는 얘기는 하나도 귀에 들어오지 않았거든요.

여행을 다녀왔어요. 일부러 계획한 건 아니고 연휴가 시작되는 주말, 그냥 배낭에 속옷 몇 벌 쑤셔 넣고 무작정 공항에 나갔어요.
도대체 몇 년 만의 휴가였는지 몰라요. 굳이 어딜 가겠단 생각은 없었지만, 부다페스트에 가보고 싶었어요. 한국에서 온 손님을 맞으러 공항에 나갈 때마다 5번 게이트 앞에서 불을 깜박이며 보딩을 재촉하던 부다페스트 행, 그 비행기가 너무나 타보고 싶었거든요.

살면서 한번쯤은 그런 사치를 부려도 나쁘지 않을 것 같았어요.
누가 그러대요. "그래, 한번 떠나라. 잠시 떠나서 나사를 한껏 풀어주고 아무 생각도 하지 마라. 절대로, 아무 생각도 하지 마라…."
생각해보니 5년 넘게 베를린에 살면서 아무 생각 없이 훌쩍 떠나본 적이 단 한 번도 없었어요. 그런데요,

결국은 공항 창구 앞에서 한 시간이 넘게 서성이다 다시 발길을 돌렸어요.
아무 생각 없이 아무데나 떠나자고 맘은 먹었는데, 이미 눈앞에는 관광지 부다페스트가 아니라, 안개가 뿌옇게 낀 이름 모를 작은 항구도시가 아른거렸거든요.
부다페스트는 이제 가보지 않아도 될 것 같았어요.

다음날 아침, 결국은 이름도 들어보지 못한 낯선 도시로 가는 열차를 탔어요. 세 번쯤 갈아 타야하는 고물열차를 타고 가는데, 꼬박 여덟 시간 반을 달리는 동안 번듯한 도시나 예쁜 시골마을 하나 보이지 않데요.
국경을 통과할 땐 남한 북한 구분도 못하는 검문소 졸병한테 붙잡혀서 한참동안 북한에서 밀입국하는 난민 취급을 받기도 했어요.

우여곡절 끝에 저녁 여섯시가 넘어서 어둠이 짙게 깔린 중앙역에 내리자마자 무작정 택시를 잡아타고 항구로 데려다달라고 했어요. 그런데 다행히 영어를 잘 알아듣는다고 생각했던 친절한 택시기사가 정작 날 내려놓은 곳은
항구, 그러니까 시포트가 아니라 소포트란 곳이었어요. 난 그렇게 내 의지와 상관없이 알지도 못하는 해안가의 철지난 휴양지에서 얼떨결에 하룻밤을 보내야만 했어요.

모닝콜을 해주지 않았으면 오전에는 죽어도 일어나지 못했을 거예요.
늦은 아침, 딱딱하게 말라비틀어진 베이컨과 에그 스크램블, 그리고 너무 진해서 맛을 느낄 수도 없는 커피를 한 입에 우겨 넣고 서둘러서 바닷가로 나갔어요. 바다를 보고 나면 번지수가 틀려버린 이 낯선 해안가를 빨리 벗어나고 싶었거든요.
인적이 너무 드물어서 녹지 않은 빙판길을 엉금엉금 기어서 찾아갔는데,
그렇게 찾아간 바다가, 그 바다가요. 나한테 다가오지 말라는 거예요.
아직 이르다고, 얼음이 다 녹을 때쯤 다시 찾아오라고 나를 물리치는 거였어요.

바다와 나 사이를, 모래사장 위로 폭이 10미터쯤 되는 얼음판이 가로막고 있었어요. 억지로 얼음판을 가로질러 보려고 용을 쓰다가 미끄러져서 그만 우당탕 넘어지고 말았겠지요. 그리곤 그냥 먼발치에서 안개가 뿌옇게 낀 발트해를 한참 바라만 보다 돌아섰어요. 다가오지 말라는데, 어쩌겠어요….

소포트를 떠나 다시 시내로 돌아와서 새로운 숙소를 정해놓고, 이번에는 진짜 항구를 찾아 나섰어요. 처음에는 뿌연 안개 속에 공룡처럼 우뚝우뚝 솟아있는 부두 하역장의 기중기를 보고 무작정 걸었는데, 아무리 길을 따라가도 자꾸 다른 방향으로 길이 새는 거예요. 분명 저만치 눈에 보이는데 말이에요.
한참을 그렇게 헤매다 결국은 다시 제자리로 돌아와서 항구 방향으로 가는 시내전차를 겨우 탔어요. 그렇게 30분쯤 달렸을까. 5백 년쯤 버려져 있었다고 해도 믿을 만큼 폐허가 된 마을 한복판에서 전차가 멈춰 서더니 더 이상 갈 생각을 안 하는 거예요.
종점이었어요.

POCZTA

아마 우리가 살던 항구도시 때문이었을 거예요. 생각나요? 시내에서 버스를 타고 15분만 가도 바로 눈앞에 펼쳐져 있던 서해바다. 전망 좋은 카페에 앉아서 바다위로 해지는 거 바라보면서 분위기도 참 많이 잡았잖아요. 하하. 그래서 진짜 바다와 항구가 보고 싶었나 봐요.

베를린은요, 내륙지방에 있는 도시에요. 강이라고 해야 폭이 한강의 10분의 1도 안 되는 슈프레강이 있고, 실개천 같은 운하가 도시 곳곳에 퍼져있는 게 고작이거든요. 일부러 의식을 하고 사는 건 아닌데, 그냥 나도 모르게 몸이 뭔가를 절실하게 원할 때가 있어요. 아마 동물적인 귀소본능인가봐요.

예전에 공동부엌을 쓰는 기숙사에서 1년쯤 산 적이 있어요.
그땐 마늘냄새 된장냄새 안 피운다고 되도록이면 한국음식 안 해먹고 스파게티 같은 걸로 끼니를 때우고 살았어요. 그리고 난 내가 그런 대로 잘 지내고 있다고 생각했거든요. 그런데요,
그러기를 반년쯤 지났을까, 하루는 밤 열두시가 넘어서 침대에 누워있던 내가 갑자기 벌떡 일어나더니 몽유병 환자처럼 부엌으로 가는 거예요. 그리고 생마늘을 까더니 그걸 고추장까지 듬뿍 찍어서 우적우적 계속 씹어 먹더라고요, 내가요.
물론 그날 밤엔 속이 쓰리다 못해 헛구역질에 머리까지 어지러워서 밤새 한 잠도 못 자고, 거의 죽다 살아났어요.
그냥 항구만 바라보고 있어도 마음이 좀 편안해질 줄 알았어요. 그게 아니더라고요.
석양이 지는 바다가 보이는 전망 좋은 카페나 횟집은 고사하고 사람의 그림자

도 찾아볼 수 없는 을씨년스런 겨울항구를 겨우 찾아가서 우두커니 서있자니까, 갑자기 막 서러워지는 거 있죠. 아니, 사람들이 북적대는 항구였다 해도 아마 다르지 않았을 것 같아요. 사람이 되었건 바다가 되었건, 이 세상 그 무엇도 다른 걸로 대신할 순 없다는 걸 잠시 잊었던 것뿐이에요. 아닌 줄 알면서, 뻔히 알면서도 그걸 직접 확인하려고 화장실 바닥에 녹이 슬어서 구멍이 숭숭 뚫린 고물열차를 타고 낯선 도시까지 찾아 들어왔던 거죠. 생마늘에 고추장을 듬뿍 찍어서 아무리 많이 먹어도 속만 쓰리다는 걸 뻔히 알면서, 그래도 꾸역꾸역 먹을 수밖에 없었던 것처럼 그렇게요.

추적거리는 겨울비와, 이방인이라고는 단 한 명도 마주칠 수 없는 낯선 공기가 나를 자꾸만 호텔로 되돌려 보내는 희한한 도시에서 난 아주 오랜만에 침묵을 깨고 당신에게 편지를 쓰기 시작했습니다. 여행을 떠나기 전까지만 해도 별 생각이 없었는데, 그냥 아무 생각 없이 떠난 줄 알았는데, 오랫동안 미루어놓았던 숙제를 하듯 난 당신에게 편지를 쓰기 시작했어요.

이제는 그만 이 도시를 떠나야 할 것 같아요. 너무 추워서, 너무 춥고 쓸쓸해서 이 도시에서는 더 이상 아무 생각도 나지 않아요.

다시 베를린이에요.

문을 열고 집에 들어서니까 자동응답기에는 안부를 묻는 친구들의 메시지가 두 개쯤 남아있고, 나에게 무작정 떠나보라고 등을 떠밀던, 벌써 3개월 째 유럽을 떠돌고 있는 한 친구에게 이메일이 와있었어요. 로마에는 성당이 너무 많아서 본의 아니게 자꾸 기도를 하게 된다고, 왜 이렇게 눈물이 많이 나오는지 모르겠다고 투덜투덜.

전화를 끊기 전에 당신은 그렇게 말했어요. 사랑은 수채화 같은 거라고, 한번 붓질을 잘못 하면 그걸로 끝이라고….

난 그랬어요. 사랑은 유채화라고. 잘못 그리면 덧칠 해서 다시 그리면 된다고….
그제야 알았어요. 우린 같은 줄 알았는데, 우린 그렇게 참 많이 달랐다는 거.
전화하길 잘 한 것 같아요. 이젠 정말로 당신을 잊을 수 있을 것 같아요.

내가 도대체 어딜 다녀온 거냐고요?
그냥 세상에서 가장 우울하고 음울한 항구도시였다고 해두죠. 그런데 우리,
언젠간 우연이라도 다시 만나게 될까요?

가방끈씨, 죽은 닭을 만나다
기계인형 [몬스터 머신]을 만드는 전천후 예술가 그룹
데드치킨스 (Deadchickens)

서울에서도 홍대 앞 문화가 다르고 대학로 정서가 다르듯, 베를린 역시 구역에 따라 문화와 정서가 조금씩 다르다. 나름대로 베를린의 문화지형도를 꼼꼼하게 그려온 나는 낯선 지역에 처음 발을 들여놓으면 우선 카페에 들어가서 맥주를 한 잔 시켜본다. 손님이나 가게 분위기도 그렇지만 서빙 하는 사람, 혹은 카페주인이 얼마나 친절한지, 아니면 얼마나 거만한지만 봐도 대략 그 지역의 분위기를 알 수 있기 때문이다. 이를테면 예술가들의 집단 거주촌인 타헬레스와 그 지역 사람들은 처음 찾아갈 때부터 친절했고 격식도 차리지 않았다. 그럴 땐 나부터 긴장을 풀고 편하게 대해야 대화가 이어진다.

하지만 '검은 산' 이라는 예술가 집단촌과 같이 껄끄러운 상대를 만나야 하는 경우도 많다. 독특한 이름을 가진 이 예술가 집단이 모여서 활동하는 건물과 그 지역 일대는, 드나든 지 벌써 몇 해가 됐지만 아직도 갈 때마다 긴장이 풀리지 않는다. 타헬레스에서 시내전차로 불과 5분 거리에 있지만 그만큼 판이하게

berlin
code

정서가 다르다. 어딘지 냉담하고, 다들 말수가 적고, 자신감에 가득 차 있는 사람들의 면면이 도무지 비집고 들어갈 틈을 안준다.
게다가 이 동네는 맥주 값도 다른 곳보다 50센트 더 비싸다.

몬스터 쇼

그런데도 내가 잊을 만하면 한번 씩 검은 산을 찾아가는 이유는 그 곳에 둥지를 틀고 사는 '죽은 닭' 때문이다. 내가 죽은 닭이라는 독특한 이름의 무정형, 멀티, 팔방미인들로 구성된 예술가 집단을 처음 만난 건 '젊은 문화와 예술의 입장' 이라는 예술제에서였다.
하루는 예술아카데미(Akademie der Kuenste) 대강당에서 희한한 공연이 열렸다. 무대 위에 설치된 대형 스크린에서는 바코드 같은 기호들이 소나기처럼 쏟아져 내리는 실험영화가 돌아갔고, 초대형 스피커에서는 멜로디랄 것도 없이 그냥 무지막지하게 빠르고 기계적인 비트가 실린 끔찍한 볼륨의 전자음악이 쉴 새 없이 터져 나왔다. 압도적인 분위기에 얼이 빠진 사람들이 정신을 차릴 틈도 주지 않고 이번에는 대형 스크린이 걷히더니, 미니버스만한 크기의 괴물 인형이 등장했다. 순간 사람들의 입에서 낮은 환호성이 터졌다.

'퓌피' 라는 이름의 이 괴물이 바로 그날 밤의 주인공, '몬스터머신' 이었다. 퓌피는 눈동자를 대굴대굴 굴리기도 했고, 몸통 한 구석에는 그렘린처럼 생긴 머리통 두개가 달려있었고, 날개와 팔다리를 접었다 펴기도 했다.
이 그로테스크한 공연이 소문으로만 전해 듣던 "몬스터 쇼" 였다.

내가 죽은 닭들을 처음 만난 곳은 통닭집이 아니라

예술아카데미였다.

나처럼 문학입네 예술입네 해가며 책상머리에 앉아서 끙끙대는 소위 '가방끈' 들에게는 한결같은 고민이 있다. 바로 창작 콤플렉스! 남들이 창작해놓은 작품에 대해서 아무리 근사하게 평을 써도, 입에 침 발라가며 이러쿵저러쿵 떠들어도 그 모든 게 왠지 예술가 자신의 의도와는 전혀 무관하고 불필요한 3자 개입일지도 모른다는 껄끄러운 느낌을 떨쳐버릴 수가 없는 것이다. 어쩌면 예술가 자신에게는 처음부터 없었을지도 모르는 그 '의도' 와 '의미' 를 찾아보겠다고 밤새 토론을 하고, 그러다 분위기라도 격앙되면 술판이 싸움판으로 끝나는 해프닝이 죄다 부질없다고 느껴질 무렵, 아마도 그 무렵부터였던 것 같다. 난 더 이상 분석하려 애쓰지 말고 '느껴보자' 고, 그냥 부러워하자고 마음을 고쳐먹었다. 하지만 그러다가도 가끔씩 '그냥' 소설가, '그냥' 미술가도 아니고 장르 넘나들기를 줄넘기 하듯 그림이면 그림, 음악이면 음악, 못하는 게 없는 전방위 예술가들을 만날 때면 나의 열등감과 시기심은 다시 극으로 치닫는다.

'몬스터 머신' 이라는 움직이는 기계예술품을 제작하고, 스토리를 만들고, 거기에 음악까지 덧붙여서 버라이어티 퍼포먼스 '몬스터 쇼' 를 창조한 그룹 '데드 치킨스' 는 오래 전부터 베를린 예술계에 조용히 이름을 알려온 무서운 집단이다. 검은 산에 입주해 있는 예술가들 가운데에서도 대표주자쯤 된다. 몬스터 쇼를 내 눈으로 직접 확인한 뒤, 난 즉시 그들과의 인터뷰를 시도했고 당시에 글을 쓰던 잡지에 그들을 소개했지만 어느 때보다 까다로운 상대였던 걸로 기억한다.

그리고 벌써 여러 해가 지났건만 지금도 가끔씩 검은 산과 그 안에 숨어사는

죽은 닭을 만나러 가면, 이 인간들은 그저 무표정한 얼굴로 아는 척만 해주고 다시 하던 일을 계속한다. 나름대로 좀 더 친해지려고 무던히 공을 들였건만 도대체 소득이 없다. 독한 것들.

검은 산이 고집 센 이유

나쁘게 보면 자만심 같지만, 그건 자존심이기도 하고 자신감이기도 하다. 타헬레스가 정부와의 질긴 싸움을 해가며 협상도 하고 보조금도 얻어내는 과정에서 관광명소로 둔갑하는 부작용까지 감수했다면, 반면에 검은 산은 지금까지 정부에서 단 한 푼의 지원도 받지 않고 독자적으로 운영되어온, 반골기질이 철철 넘치는 집단이다. 양보다 질을, 그것도 정부의 지원 없이 독자적으로 유지하겠다는 그들의 고집과 신념은 검은 산의 탄생설화와도 연관이 있다.

본래 "검은 산"은 슈테판 하임이라는 독일작가에 의해 알려진 이름이다. 독일의 중부지방에는 슈바르첸베르크(Schwarzenberg, '검은 산'이라는 뜻)라는 도시가 있다. 그런데 제 2차 세계대전이 끝난 뒤 연합군은 행정착오와 인력부족 등을 이유로 42일 동안 이 도시를 점령하지 않고 방치한 적이 있었다. 그리고 이 희한한 역사적 에피소드에 착안하여 슈테판 하임은 이 지역 주민들이 자치적으로 검은 산 공화국을 건설한다는 내용의 소설을 썼다. 지금의 검은 산은 바로 이 이야기에서 이름을 따온 예술 자치공화국인 셈이다.

검은 산에는 영화관, 뮤직숍, 책방, 몬스터 머신 전시실, 카페, 유태인 박물관, 안네 프랑크 기념관이 입주해 있고, 여기서 들어오는 자체수입으로 지금까지 7년 동안 월세 꼬박꼬박 내가며 자기들만의 예술 자치공화국을 지켜오고 있다. 데드치킨스는 바로 이 검은 산에 입주해있는 여러 집단들 가운데 가장 많이 알려진 집단이다.

죽은 닭들의 해부도

'몬스터 쇼' 라는 고유명사를 유럽 예술계에 정착시킨 데드치킨스는 하나같이 일정하지 않은 이력을 가지고 있다. 직업 서너 개는 기본이고, 악기연주, 작곡, 음악앨범 제작, 사진, 그림은 물론 몬스터 머신 제작에 필요한 디자인, 철공소 작업까지 모든 걸 자체적으로 해결한다. 각기 다양한 개성이 극과 극을 달리는 죽은 닭들에게는 유일한 공통점이 하나 있는데, 멤버들 모두 젊은 시절 펑크락에 미쳤던 적이 있다는 것. 멤버는 전부 다섯 명이다.

카이 (Kai) : 무거운 스패너를 항상 옆구리에 차고 다니며 쿨하게 폼잡는 게 특기. 예술가들 가운데 종종 이런 타입들이 있다. 만들어놓은 작품을 보면 그

카이

기상천외한 상상력에 닭살이 돋을 지경이지만 정작 다가가서 말을 걸어보면 자기 작품에 대해 단 한마디 설명을 못한다. 그러니 결국 그가 표현할 수 있는 방식 가운데 하나가 쿨한 척 입을 다물고 있는 것뿐이다. 카이는 한네스와 함께 데드 치킨스를 결성한 창립멤버이자 모든 아이디어의 싱크탱크. 카리스마가 워낙 강렬해서 그의 매력에 혼을 빼앗긴 여인들을 벌써 여럿 보았다.

한네스(Hannes Heiner) : 어린아이처럼 순진한 미소를 표정 속에 달고 사는 한네스는 카이가 싫어하는 일을 도맡아서 처리하는 순둥이다. 성질이 까다로운 카이는 쇳덩이를 가지고 하는 거라면 자신 있지만 폴리에스터를 죽도록 싫어한다. 그런 건 전부 다 한네스 몫이다.
팝업북이라고, 책을 펼치면 그림이 눈앞으로 불쑥 튀어나오도록 접혀진 책을 들여다보던 한네스가 하루는 카이에게 이렇게 말했다고 한다. '야, 우리 이런 거 무대 위에서 해보면 어떨까?'
입체적인 기계인형들을 이용한 몬스터 쇼는 그렇게 시작됐다.

브리다(Breeda C.C) : 데드치킨스 앨범 발매기념으로 릴리즈 파티가 있다고 해서 죽은 닭들을 찾아갔던 날, 두꺼비 몬스터 인형을 온 몸에 뒤집어쓰고 바이올린을 연주, 깜짝 퍼포먼스를 하기로 되어있던 브리다는 이미 초저녁부터 몹시 취해서 대화불능 상태였다.
열 몇 살 때인가, 거리에서 광대짓을 하며 산 적이 있다고, 입에서 불을 뿜는 쇼 같은 걸 하며 거리에서 지낸 적이 있단 얘기는 그녀가 술에서 깨어난 다음 날 작업실에서 만나서 들었다.

닐스 (Nils Peters) : 주로 음악을 담당. 죽은 닭 네 마리가 빙 둘러앉아서 즉흥적으로 노래도 하고 작곡도 해서 일단 틀을 짜면 그걸 가지고 닐스가 샘플링을 해서 음악을 완성한다.

몬스터 쇼 도중에 끼어든 스파크 쇼

몬스터 쇼 도중에 일어난 초창기의 에피소드 하나. 하루는 공연 도중 캄캄한 객석 한 구석에서 불꽃이 계속 일었다. 관객들이야 뭐 어차피 생전 처음 보는 희한한 공연이니 이것도 공연의 일부분이려니 했지만 정작 당황한 건 죽은 닭들이었다. 몬스터 쇼에 스파크 쇼는 포함되어있지 않았기 때문이다. 불꽃의 진원지를 찾아보니, 관객 한 명이 어두운 공연장 구석에 쪼그리고 앉아서 어린애 손목만한 두께의 고압 전력케이블을 쇠톱으로 썰고 있더란다. 불꽃은 물론 톱질을 하면서 일어난 전기스파크였다. 행동으로 몬스터 쇼를 보이콧하려던 그 관객이 과연 무슨 의도에서 그런 행동을 한 것인지는 결국 밝혀내지 못했다고 한다.

가끔씩 일정한 스토리를 갖는 몬스터 쇼가 열리는데 그 내용을 보면 대개 이런 식이다. '마마 몬스터가 아기를 낳았다. 그런데 아기가 마마 몬스터의 자장가에 귀를 기울이지 않자 화가 난 마마몬스터는 초대형 애벌레 모양의 못생긴 빅 마마 몬스터로 둔갑해서 계속 아이를 낳는다. 화가 난 빅 마마 몬스터는 쉬지 않고 계속 아기를 펑펑 낳는다….' 이게 빅 마마 몬스터쇼의 줄거리다.
어쩌면 그 관객은 이 기괴한 몬스터 쇼가 역겨웠는지도 모른다. 하지만 난 이렇게 적극적으로 반응하는 관객들을 보면 오히려 기분이 유쾌해진다. 무슨 의미인지 이해도 안 되는데 무작정 박수만 치는 관객보다 백배는 더 낫지 않은가.

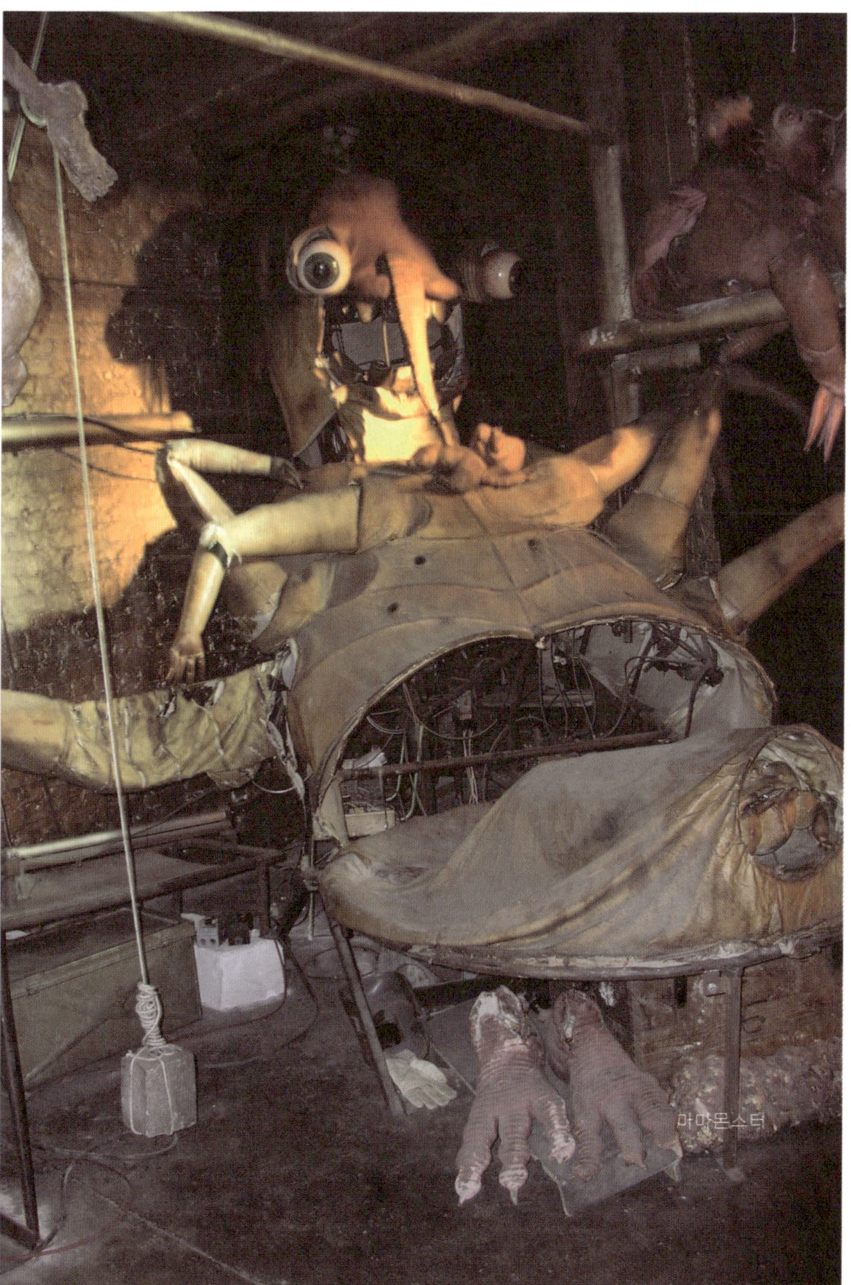

마마몬스터

죽은 닭들의 검시 결과

피가 질질 흐르는 인형이나 금속성 굉음이 귀에 거슬리게 울리는 몬스터 머신을 만드는 죽은 닭들은 기회가 있을 때마다 '자연' 이라는 말을 강조한다. 자신들이 만드는 몬스터 머신이 표현하고 있는 것이 바로 자연이란 얘기다. 이건 또 뭔 소린가. 저 끔찍한 괴물들이 자연을 대변하고 있다니? 하지만 죽은 닭들의 논리에 따르면 어차피 자연의 섭리란 거칠고 잔인한 것이며 사람들이 흔히 미화시켜서 표현하는 모습은 이미 자연이 아니다. 이를테면 정글의 사자는 토끼를 잡아먹는다. 그렇다고 사자가 토끼를 자기 차에 태워서 도살장으로 데려가 고통 없이 깨끗하게 피를 뽑아내고 바싹 구워서 나이프와 포크로 썰어 먹지는 않는다는 것이다. 듣다보니 다 맞는 말이다. 사자 입에서 피가 질질 흐르고, 토끼는 숨을 헐떡거리며 죽어 가는 것이 자연의 섭리이니까.

삭막한 도회지에서 펑크락의 자양분을 먹고 자라나서 이제 나이 삼십을 훌쩍 넘긴 이들은 그럼에도 불구하고 아직까지 가슴속에 죽은 닭이 아닌 노란 병아리를 한 마리씩 품고 있는 것 같다. 그만큼 이들이 생각하는 예술도, 사는 모습도 속내를 들여다보면 사실은 유치하리만큼 순수한 구석이 많다. 다만, 몬스터 머신을 통해서 드러나는 이들의 예술이 교양의 틀, 일상의 틀을 따르지 않고 있어서 잔인하고 그로테스크해보일 뿐이다. 실제로 몬스터 머신을 한참 들여다보고 있으면 나중에는 나도 모르게 '배시시' 하고 웃음이 새어나온다. '킹킹', '슉슉', '풍풍풍' 하고 쇳소리, 오일펌프소리를 내며 움직이는 이 괴물들에게서 나중에는 심지어 따뜻한 온정마저 느껴진다.

주소:

Rosenthaler Straße 39. 10179 Berlin / Mitte, 동물원 역에서 국철(S-Bahn)을 타고 10분 정도 거리에 있는 Hackischer Markt역에 내려서 3분 정도 거리에 있다.

www.deadchickens.de www.haus-schwarzenberg.org

굿바이, 레닌!

1992년 여름,

구동독 지역으로 향하는 열차 안, 한국에서 온 젊은 대학생 하나가 벌써 세 시간째 독일인 노신사의 이야기에 열심히 귀를 기울이고 있었다. 깔끔한 정장을 차려입은 노신사는 도저히 칠순이 넘었다고 볼 수 없을 만큼 정정했다. 열차가 구서독지역을 벗어나 아직 황량하게 버려져 있는 구동독 땅으로 들어설 무렵부터 노신사는 창밖 풍경과 과거 분단시절의 이야기를 능숙하게 대비시키며 흥미로운 역사이야기를 풀어놓기 시작했다.

장장 다섯 시간에 걸친 노신사의 얘기는 결국 헬무트 콜 총리에 대한 격렬한 비난으로 끝을 맺었다. 청년은 노인의 이야기를 완전히 알아들을 수 없었지만 요지는 콜 총리가 통일을 너무 서둘렀단 얘기인 것 같았다. '콜 총리는 자신의 집권기간 중에 동서독 통일을 성사시켜서 역사책에 남는 인물이 되기 위해

25. JULI - 26. OKTOBER
KUNST
IN DER DDR
EINE RETROSPEKTIVE DER NATIONALGALERIE

이기적으로 통일을 너무 서둘렀다.' 청년이 이해하기에 노신사의 이야기는 대략 그런 내용으로 끝을 맺었던 것 같다.

3주간의 유럽 배낭여행을 마치고 한 달간 어학연수를 하기위해 구동독지역으로 들어가는 기차에 올라타면서부터 청년의 마음은 사실 많이 불안했다. 통일 이후 구동독지역에서는 불만에 쌓인 극우분자들이 '히틀러의 후예' 를 자처하며 외국인, 특히 동양인들을 상대로 테러를 자행한다는 소문을 이미 한국에서부터 들었기 때문이다. 만일 기차 안에서 노신사를 만나지 않았다면 청년은 '네오 나치를 만날 경우 어떻게 대처할 것인가' 에 대해 고민하느라 다섯 시간 내내 마음을 졸였을지도 모르는 일이었다.

어학코스 기간 동안 청년은 수업시간의 절반을 담당 여교사의 잔소리에 시달려야 했다. 교사가 늘어놓는 잔소리의 대부분은 통독 이후 변화된 사회에 대한 불만이었다. '생필품 값이 너무 올라서 못살겠다.' '남편이 당 간부였는데 통일이 되면서 실업자 신세가 되었다.' '휴가를 가고 싶어도 갈 돈이 없다.' ... 여교사의 불만은 끊이지 않았다.
실패한 현실 사회주의로 회귀하고 싶어 하는 여교사의 열망은 생각보다 훨씬 컸다. 역동적이지 않은 삶, 그래서 전망은 없을 지언정 실패한 인생도, 목숨을 건 경쟁도 없었던 그 시절로 여선생은 자꾸만 돌아가고 싶어 했다.

수업이 끝나고 거리로 나서면 온통 회색으로 뒤덮인 도시가 청년의 마음을 다시 한 번 짓눌렀다. 프라이부르크, 하이델베르크처럼 구서독의 예쁜 도시들을 다 놔두고 하필 이 어두침침한 회색도시에서 한 달을 보내게 된 걸 후회도 해봤다. 해가 떨어지기도 전에 잠들어버리는 이 회색도시에서는 초저녁부터 상점들이 일찌감치 문을 닫았고, 특별히 젊은 사람들이 몰려드는 거리랄 것도 눈에 띄지 않았다.

하루는 기숙사 친구들과 함께 대학건물 지하에 있는, 이 회색도시에서는 유일한 클럽에서 새벽까지 어울려 놀다 들어온 적이 있었다. 그날 밤에도 청년은 고문실처럼 음침하고 기괴한 샤워실에서 녹물이 섞여 나오는 찬물로 샤워를 하고 잠이 들었다. 다음날 아침, 청년은 불과 이 도시에서 한 시간도 채 떨어지지 않은 도시에서 지난밤 네오나치들이 외국인 거주촌에 불을 지르는 사건이 벌어졌단 얘기를 들었다. 시간을 어림잡아보니 청년이 클럽에서 열심히 춤을 추고 있던 시간이었다.

한 달은 생각보다 훨씬 빨리 흘러갔다. 다시 회색도시를 떠날 때가 되었을 때, 청년은 문득 10년쯤 시간이 흐르고 난 뒤에 다시 한 번 이 회색도시를 찾아와 보고 싶단 생각이 들었다. '10년, 그래 10년쯤 시간이 지나고 나면 이 도시도 많이 달라져 있겠지. 잘 알아듣지도 못하는 외국인 학생들을 붙들고 불만을 늘어놓던 여교사도 어쩌면 이태리 남부해안에 있는 섬으로 휴가를 떠나고 없을지 몰라….'

그리고 한참의 세월이 흐른 뒤, 청년은 우여곡절 끝에 유학을 와서 벌써 몇 년째 베를린에 살고 있지만 불과 두 시간이면 가볼 수 있는 그 회색도시를 아직까지 단 한 번도 가보지 못했다.

2003년 2월, 베를린의 한 극장 안

베를린 영화제가 폐막된 지 일주일 만에 영화관을 다시 찾아갔다. 영화관의 분위기는 일주일전과 판이하게 달랐다. 프레스 카드를 목에 걸고 안경을 추켜올리며 영화를 보다가 마음에 안 들면 아무 때나 자리를 박차고 나가버리던 평론가나 영화담당 기자들은 없었다. 대신 극장 안은 상영시간 15분전부터 팝콘과 맥주를 양손에 들고 자리를 찾아 헤매는 사람들로 북적댔다.

영화제가 끝나자마자 내가 다시 영화관을 찾은 건, 꼭 보고 싶었는데도 영화제 기간에 결국 놓치고 말았던 독일영화 〈굿바이 레닌〉을 보기 위해서였다. 영화제 참가와 동시에 일반극장에서도 개봉된 이 영화는 일찌감치 대박 조짐까지

РОДИНА-МАТЬ
ЗОВЕТ!
ВОЕННАЯ ПРИСЯГА

보이고 있었다.
마침내 극장 안이 어두워지고 스크린이 환해지자 TV에서 쫓겨난 담배광고가 화면을 도배하기 시작했다. 팔말, 말보로, 다비도프, 웨스트…. 20여 분 동안이나 담배연기가 화면을 가득 메웠다.
담배를 끊어야겠단 생각이 문득 다시 들었다.

굿바이 레닌

〈굿바이 레닌〉은 영화를 보는 동안 내내 마음을 애틋하게 만들었던, 그러면서도 웃음을 참을 수 없게 만들었던 그런 영화다. 주인공 알렉스의 엄마는 남편이 혼자서 서독으로 망명하고 난 뒤 열성 공산당원으로 변신하지만 어느 날 심장마비로 쓰러져서 혼수상태에 빠지고 만다. 그런데 하필이면 그 시점이 바로 1989년, 베를린 장벽이 무너지기 시작할 때다. 이후, 알렉스의 엄마가 의식불명상태로 병원침대에 누워서 세월을 점프하는 사이에 동서독이 공식적으로 통일된다.
그로부터 8개월 뒤, 죽은 목숨인줄 알았던 엄마가 극적으로 다시 의식을 되찾는다. 하지만 열성 공산당원인 알렉스의 엄마가 충성을 바칠 사회주의 조국 동독은 이미 사라지고 없다. 불과 8개월 사이에 코카콜라와 맥도날드, 벤츠 자동차에 길들여진 동독의 현실을 그대로 보여주었다가는 정신적 충격을 감당하지 못하고 엄마가 또 다시 혼수상태에 빠질 걸 우려한 아들 알렉스, 이때부터 아직 동독이 건재한 것처럼 연극을 꾸미기 시작하는데….

이 대목부터 독일관객들은 웃다가 뒤로 나자빠지기 시작한다. 쓰레기통을 뒤져서 찾아낸 동독제 포장용기 안에 서독제 오이피클을 채워서 식탁에 올려놓

은 아들에게 엄마는 "역시 오이피클은 우리의 조국 동독에서 만든 게 제 맛이야" 하고 감탄하는가 하면, 아들은 엄마를 위한 특별방송을 제작하기도 한다. 베를린 장벽이 무너지던 당시의 기록필름에 친구의 목소리를 더빙해서 마치 생방송 뉴스처럼 엄마에게 보여주는데, 아나운서로 분장한 알렉스 친구의 멘트가 이렇게 흐른다.

"자본주의 사회에 염증을 느낀 서독사람들이 지금 베를린 장벽을 무너뜨리며 물밀듯이 동독 땅으로 넘어오고 있습니다."

독일 내에서만도 6백만의 관객을 동원하고 50여 개국에 수출된 영화 〈굿바이 레닌〉은 서독 출신 감독이 만든 영화다. 이 영화를 보면서 맥주거품이 코로 뿜어져 나올 때까지 웃어젖힌 사람들 대부분은 구서독사람들이었다. 아니, 그건 내 짐작이다. 물론 개중에는 과거를 잊고 해피하게 자본주의 사회에 안착한 구동독사람들도 있었을 것이다.

내가 이런 짐작을 해보게 되는 건, 10여 년 전 회색도시에서 만난 여교사 같은 사람들을 아직도 주변에서 자주 보기 때문이다. 경제대국 독일이라고는 하지만 분단의 상처를 온전하게 극복하고 온 국민이 다 함께 배 두드리며 깔깔대고 이 영화를 즐겨보기에 10년이란 세월은 턱없이 모자랐다.

자신들의 과거를 패러디한 모습을 보면서 웃고 즐길 수 있는 사람은 과거로부터 자유로운 사람들뿐이다. 우리 앞에 놓여있는 현실을 생각하면 남의 일 같지가 않아서 마음이 한없이 갑갑해지는 대목이다.

추억거식증

나는 나의 사랑의 열정에 무언가 완전히 자유롭고 유희적이며
취소 가능한 요소가 내재해있다는 느낌을 떨쳐버릴 수가 없다.
나의 이러한 성향은 예를 들어 화랑이나
낯선 고장을 찾아가는 일에 비유될만한 것이다.
거기에는 정언적 명령이 결여되어있다.
밀란 쿤데라의 「사랑」중에서

도대체 당신은 왜 내 말을 믿지 않는 겁니까. 난 정말로 내 첫사랑이 누구였는지 기억나지 않습니다. 내가 처음 사랑한 사람은 말할 것도 없거니와 날 처음으로 사랑했던 사람이 누구였는지도 기억나지 않는단 말입니다. 그리고 그건 당신이 처음으로 사랑한 사람이 나란 얘기와는 전혀 별개의 문제입니다. 뿐만 아니라 요즘 난 이 세상에 온전한 사랑이란 게 도대체 존재하기나 하는 건지

의심스러울 정도로 사랑에 무감각해졌습니다. 그러니 당신이 처음 사랑한 사람이 나란 얘기 역시 내가 믿을 수 없는 건 당연한 얘기 아니겠습니까.
난 차라리 당신이 처음으로 사랑한 사람이 내가 아니었으면 싶은 심정입니다.

얼마 전부터 난 추억을 돌이키는 걸 극도로 혐오하는 추억거식증에 시달리고 있습니다. 그건 이미 지나버린 일은 생각하지 않으려는 일종의 강박증 같은 겁니다. 그런데요, 가만 생각해보면 이런 증세는 내가 별로 기억하고 싶지 않은 여자와의 이별 이후부터 시작된 것 같습니다. 그녀와 헤어진 이후부터 가능하면 그 기억을 떨쳐버리려고 나 자신에게 주문을 걸었거든요.

그런데요, 어느 날부터 난 정말로 하나 둘 씩 내가 지금까지 해온 모든 사랑에 대한 기억들을 상실하기 시작했습니다. 기억하고 싶지 않은 그녀에 대한 기억만 편리하게 지워진 게 아니라, 내가 지금까지 해온 모든 사랑에 대한 기억을

상실하게 된 거죠.

그건 아픈 상처가 서서히 치유되면서 사라지는 것과는 전혀 다른 느낌이었습니다.

당신은 내가 당신을 온전하게 사랑하지 않는다고 불평을 늘어놓고 있지만 그건 이미 내 의지로 통제할 수 없는 문제가 아닙니다. 난 당신을 사랑하지 않는 게 아니라 사랑하는 방법을 잊었으니까요.

"나는 그런 식의 이야기를 좋아하지 않아요."
그녀가 무뚝뚝함에 가까운 어투로 말했다.
"지금 당신이 한 말들은 너무 피상적이에요."
밀란 쿤데라의 「사랑」중에서

Laser-Haarentfernung
Information und Beratung
Tel: 31 01 63 34
http://www.laser-care.de
Laser Care

Senioren Dreh
rung nur

이미 눈치 챘겠지만 사실 난 지금 추억 거식증이 아니라 추억 과식증에 시달리고 있습니다. 마치 고문서 수집가나 고고학자처럼 지나간 사랑에 연연하다 못해 그 추억들에 파묻혀서 이 추억과 저 추억을 구분하지 못하고 있는 중입니다. 그렇다고 내가 지금의 이런 상황을 즐기고 있단 식으로 날 재단하진 말아주세요. 내가 한동안 그런 상황을 즐겼던 건 부인할 수 없지만 이젠 나도 이 상황에서 좀 빠져나가고 싶거든요.

생각해보면 아마 나에게도 온전한 첫 사랑이라는 게 있었을 거예요. 다만 그 추억이 완전히 여물기도 전에 또 다른 추억을 계속 입력한 나머지, 혼란을 일으킨 나의 뇌 세포와 심장이 첫 사랑에 대한 온전한 기억마저 프로그램상의 오류로 인식하고 지워버린 건지도 모릅니다.

그래요. 난 너무 늦기 전에 도대체 내 첫 사랑이 누구였는지 기억해내고 말겁니다. 그리고 첫사랑에 대한 기억으로부터 온전하게 자유로워지겠어요. 그 기억을 돌이켜 생각해내서 다시 내 의지로 떨쳐버리기 전까지는 아무래도 다시 누군가를 사랑할 마음이 생기지 않을 것 같거든요.
가끔씩 길을 지나다니다 보면 나를 깜짝깜짝 놀라게 만드는 얼굴들이 있습니다. 어쩌면 그녀들과 가장 닮은 사람이 나의 첫사랑이었을지 모릅니다. 내가 당신을 온전하게 사랑할 수 있을지는 그 이후에 결정하겠습니다.

당신이 나의 제안에 동의하지 않아도 어쩔 수 없습니다. 물론 그때까지 날 기다려줄 것인가 하는 문제도 전적으로 당신의 뜻에 달려있습니다. 하지만 나로선 우선 이 문제를 해결하지 않으면 앞으로 당신이 아니라 그 어느 누구를

OVE
tory

만나게 되더라도 결국 허접한 '상상 속의 이혼과 결혼' 을 반복하다 헤어지는 것을 반복하며 내 인생의 남은 절반을 허비해야 할 판이란 말입니다.

그런데 우린 정말로 언젠가 만나서 완전한 사랑을 할 수 있을까요?
당신의 인내심을 시험해보고 싶은 마음은 추호도 없습니다. 다만,
아직 만나본 적도 없는 미지의 당신에게 이런 부탁을 하는 게 참 미안하지만,
난 당신이 조금만 더 나를 기다려주었으면 좋겠어요.

타헬레스(Tacheles) part 2.
공장에서 보낸 3개월

타헬레스 3층의 '매뉴팩처' 라는 작업실을 내가 문턱이 닳도록 드나들기 시작한 건 7개월 전이었다. 카페 차파타를 찾아가면 언제나 반갑게 맞아주며 공짜 술을 주던 파올로가 그 날도 열심히 서빙을 하다말고 맥주부터 한 병 내밀었다.

"나, 내일까지만 일하고 이 달 중순에 칠레로 떠날 거야."

"가면 뭘 하는 건데?"

"칠레와 베를린 예술가들 사이의 교류 같은 일이야. 한동안 몹시 바쁠 것 같아. 돌아오면 여기서도 몇 가지 작업을 시작하게 될 거야. 이젠 카페일은 더 이상 못할 것 같아."

이제는 타헬레스를 찾아와도 반겨줄 사람이 하나 줄어드는구나 생각하니 마음이 조금 허전해진다. 게다가 파올로는 베를린의 뒷골목이나 지하에서 벌어지는 흥미로운 이벤트와 이야깃거리를 끊임없이 내게 전해주는 둘도 없는 정보원이었다. 이날도 역시 찾아가 볼 만한 전시장, 클럽 등의 위치를 상세하게

Keks
oder DER QUADRAT-
LATSCHEN-
HEINI
Quadrat latschen
Beulen-Bibi
od. flegel
blau-grün
Schmollmund
α-
Queen
runder PO
...
high heeld

일러준다.

"아, 참, 그리고, 언제 시간 나면 3층에 올라가 봐. '매뉴팩처' 라고, 다양한 친구들이 한 작업장에 모여서 그림도 그리고 공동작업도 하고 있는데 너한테는 흥미로울지도 모르겠다."

매뉴팩처, 예술공장

난 파올로의 충고대로 당장 매뉴팩처를 찾아갔다. 예술가들, 더군다나 가장 독립적이고 고립된 작업을 하는 화가들의 공동작업이라는 게 도대체 가능하기나 한 걸까 하는 호기심 때문이었다. 파올로의 이름을 대자 매뉴팩처의 방장 안드레아스가 기꺼이 맞아준다. 난 제일 궁금한 것부터 물어보았다.

"안드레아스, 너 유명하니? 난 유명한 예술가들에게는 관심이 없거든."

안드레아스는 그 자리에서 내게 함께 지내볼 것을 권했다.

그로부터 3개월, 난 틈만 나면 노트북을 짊어지고 공장을 찾았다. 구석에 쭈그리고 앉아 노트북을 켜놓고 생각나는 대로 뭔가 마구 적어볼 심산이었다. 도대체 예술가들이 어떻게 공동작업을 하는지, 그들이 창조적인 에너지를 어떤 식으로 주고받는지를 현장에서 생생하게 포착해보고 싶은 욕심 때문이었다.

사과와 레몬만 계속 그려서 관광객들에게 파는 실속형 장사꾼 안드레아스, 네델란드에서 온 꼴라쥬 예술가 팀, 이란사람 레자, 유일한 홍일점 비앙카, 그 중에서도 나의 관심을 가장 많이 끈 친구는 이란에서 온 레자였다. 하지만 결론부터 얘기하자면 난 스토커를 능가하는 행각에도 불구하고 레자에 대해서도, 다른 어느 누구에 대해서도 알아낸 게 별로 없다. 어쩌면 '알아내겠다' 는 나의 불순한 의도부터가 어긋난 시작이었는지 모른다. 3개월 동안 이들과 함께 지내면서 두서없이 끄적거린 기록이라고 해봐야 겨우 이게 전부다.

집 없는 친구 레자

한가한 평일오후, 레자가 공장 가득 코고는 소리를 울리며 깊은 잠에 빠져있다. 어제도 아침 일곱 시쯤 잠든 모양이다. 레자는 집이 없어서 공장 한 구석에서 먹고 잔다. 하긴 레자에겐 없는 게 참 많다. 고아니까 우선 부모가 없고, 돈은 당연히 없고, 친구도 없다. 정치적 박해가 심한 나라 이란으로 돌아갈 생각 역시 추호도 없다. 밤새도록 텔레비전을 켜두지 않으면 잠들지 못하는 레자. 만약에 베를린이 아니었다면, 그리고 타헬레스가 아니었다면 레자는 벌써 몇 년 전에 길거리에서 횡사했을지도 모른단 생각을 여러 번 해봤다.

레자와 안드레아스의 도덕논쟁

안드레아스와 레자가 또 한판 붙었다. 벌써 30분 째 싸우고 있다.

"팀, 쟤네들은 도대체 왜 만날 저렇게 싸우니?"

"섹스를 너무 안 해서 그러는 거야."

"그러는 넌?"

"나? 난 매일 해. 난 섹스를 너무 많이 해서 문제야."

레자는 안드레아스의 지나친 장사꾼 기질에 치를 떨고, 안드레아스는 밥 먹을 돈도 없으면서 자존심만 내세우는 레자를 매번 훈계하려고 든다. 흥분한 두 사람이 이젤 두개를 쓰러뜨리고 시서히 몸싸움의 조짐을 보이기 시작할 무렵, 보다 못한 팀과 내가 끼어들어서 두 사람을 억지로 떼어놓는다. 싸움은 결국 무승부로 끝났고 그 날 저녁에 팀은 레자에게 'Mr 모럴' 이라는 작위를 수여해주었다.

"레자는 도덕의 화신일까, 아니면 레자도 역시 짐승일까?"

공장이 비로소 조용해지고 나자 팀이 지나가는 말처럼 툭 내뱉는다.

"그렇게 말하는 넌 어떤데?"

"나? 난 타락했어. 벌써 오래 전에 악마에게 영혼을 팔아버렸어."

"그럼 안드레아스는?"

"안드레아스? 안드레아스는 개새끼야. 걘 나보다 더해."

레자의 포토폴리오 속 그림들

오랜만에 그림 한 점을 판 레자

“어떤 그림이냐고? 작은 캔버스 세 개에 나누어서 그린 나무 그림. 다시는 쳐다보고 싶지도 않아. 왜 하필이면 그 그림을 샀는지 모르겠어.”

“여자들 가슴은 이제 그리지 않니?”

“지겨워. 이제는 엉덩이를 그리기로 했어.”

‘미스터 모럴’ 역시 어떨 땐 하룻밤에 두세 개씩 여자가슴도 그리고 엉덩이도 그린다. 먹고 살기 위해 엉덩이를 파는 레자는 금욕주의자다. 하루에 열 시간이 넘게 그림을 그리면서도 배가 부르면 몸이 나른해져서 일을 할 수 없다고 번번이 초콜릿으로 열량만 채운다. 그런데 내 눈에 자꾸만 밟히는 건 공장 구석에 방치되어있는 레자의 다른 캔버스다.

레자는 저 그림을 언제쯤 완성하게 될까.

비앙카와 맥주를 마시러 내려갔다가 벼락을 맞다.

난 그저 “맥주!” 하고 한껏 애교 떤 목소리로 말했을 뿐이다. 그런데 평소와 달리 2층에 있는 극장 매점에서 일하는 여자애가 앙칼진 목소리로 내 애교를 되받아친다.

“맥주를 달라고 할 땐 뒤에다 Bitte(Please)라고 붙여줘, 젠장. 나도 사람이란 말이야!”

이 안에선 모든 게 이런 식이다. 평소엔 친구처럼 허물없이 지내지만 기분이라도 나쁜 날이면 자기감정을 숨기지 않고 아무데나 막 화풀이를 한다.

내 노트북을 물끄러미 쳐다보던 비앙카가 묻는다.

“네 컴퓨터는 이름이 뭐야?”

그건 IBM이나 애플 같은 상표를 물어보는 게 아니었다.

"원숭이."

"원숭이? 멋진 이름인걸."

서울에서 하루에 두 탕씩 과외아르바이트를 하며 학비를 벌던 시절, 지독하게 말을 안 듣는 초등학생 제자가 있었다. 내 노트북에 유난히 눈독을 들이던 녀석은 애지중지하며 수집해온 스티커 중에 하나를 떼어서 내 노트북에 붙여주었다. 그 모습이 진지하다 못해 경건해보여서 난 하마터면 눈을 감고 기도를 할 뻔 했다. 비앙카의 황당한 질문을 받는 순간, 반짝거리는 원숭이 스티커가 눈에 들어왔다. 이들과의 대화법에 조금씩 익숙해져가고 있는 걸까. 이를테면, 내 노트북은 컴퓨터가 아니라 원숭이다.

적어도 나에게는, 비앙카에게는 그런 거다.

매뉴팩처에 드나든 지 두 달쯤 될 무렵, 며칠 동안 아르바이트를 하느라 들르

레자

지 못했더니 비앙카에게 문자가 왔다.

"할로 동, 시간 날 때 한번 들러. 너에게 줄 게 있어."

다음날 찾아갔더니 비앙카가 멋쩍은 얼굴로 뭔가를 내민다. 여기저기서 얻은 물감으로 A4 용지에 투박하게 그린 내 모습이 다섯 개나 된다. 언제나 공장 한 구석에 쭈그리고 앉아서 노트북 자판을 두드리던 내 모습이 꽤 인상적이었나 보다. 생전 처음 누군가 그려준 내 모습이었다. 가슴이 뜨뜻해졌다. 언제나 무뚝뚝하던 비앙카가 비로소 마음을 열어준 것 같아서 행복했다.

레자와 비앙카

두 사람을 보고 있으면 퐁네프의 연인들이 생각난다. 레자는 입에서 불을 뿜는 묘기를 부릴 줄 모르고 비앙카는 눈이 안 아프지만, 끊어질 듯 말 듯 이어지는 두 사람의 관계를 보고 있으면 자꾸 그런 생각이 든다. 하루는 비앙카와 심하게 싸우고 난 레자가 밖으로 뛰쳐나가더니 한 시간 만에 10 킬로그램짜리 화분용 흙 두 봉지를 짊어지고 돌아왔다. 얼마 전부터 비앙카는 공장 안에 화분을 가득 채워놓고 꽃을 키워보고 싶다고 했다. 땀범벅이 되어서 숨을 헐떡거리는 레자. 그런데 레자는 일요일 저녁에 어디에서 흙을 구해온 걸까?

이제는 공장을 그만 나와야 될 것 같다는 생각이 들었다. 끝내 알 수 없었던

비앙카

레자의 정확한 나이라든가, 팀이 일주일에 정말로 섹스를 몇 번 하는지 따위는 더 이상 궁금하지 않았다. 화가가 아닌 나는 지금쯤 다시 내 생활로 돌아가야 할 것 같단 생각이 들 무렵부터 공장으로 향하던 내 발길은 점점 뜸해지기 시작했다.

마침내 공장을 떠나던 날, 구석에 처박혀서 먼지를 뒤집어쓰고 있던 레자의 포트폴리오를 볼 기회가 생겼다. 실물로 본 적이 없는 그 그림들 속에서, 난 지난 몇 달 동안 내가 알아왔던 레자와 전혀 다른 레자를 처음 만났다. '이런 그림을 그리는 화가였구나….'

지금까지 살아오면서 인생의 어느 대목쯤에서 레자는 저런 그림을 그릴 수 있었을까. 단숨에 내 맘을 사로잡아버린 레자의 포트폴리오를 보는 순간, 저 그림들을 그리고 있었을 당시의 레자 모습이 못 견디게 궁금해졌다.
자화상 속의 레자가 돈키호테 복장을 하고 서 있었다. 한 번도 본 적이 없는 차분하고 당당한 모습의 레자가, 내 앞에 우뚝 서있었다….

그 뒤로도 난 가끔 공장에 들렀다. 지난 2년 동안 외형만 유지한 채 대대적인 보수공사를 마친 타헬레스에는 입주해있는 예술가들의 수도 늘었지만 관광객은 훨씬 더 많이 늘었다. 근처를 지날 일이 있을 때마다 난 맥주 몇 병을 사들고

비앙카가 그려준 내 모습

꼴라쥬 예술가 팀

타헬레스 3층에 있는 공장을 잠시라도 들러 보지만, 그건 더 이상 공동창작을 하는 예술가들의 속내를 헤집어 보자는 의도 때문이 아니었다. 이제는 허물없는 친구처럼 지내는 그들이 보고 싶어서, 그래서 그냥 찾아갔다.

내가 공장을 나올 무렵 금욕주의자의 탈을 벗고 싸구려 마약에 절어서 지내던 레자는 다시 약을 끊은 뒤 몸이 두 배로 불어 있었고, 유일한 홍일점 비앙카는 모스크바에 있는 예술학교로 떠나고 없었다.

네덜란드 사람 팀의 일본인 부인은 얼마 있으면 두 번째 아이를 낳을 예정이라고 했다. 횟수를 확인하는 건 끝내 불가능했지만 팀은 정말로 섹스를 아주 많이 하는 모양이다. 돈과 여자만 밝히던 안드레아스는 벌써 오래 전에 공장에서 추방되고 말았다.

칠레에서 돌아온 파올로 역시 가끔 마주치지만 더 이상 카페 차파타에서 일을 하지 않는 파올로는 이제 나에게 공짜맥주를 챙겨주지 못한다.

Music is the Key! - 러브 퍼레이드

난 테크노 음악을 잘 안 듣는다. 테크노? 그거 가사도 없고 지극히 단순한 한두 마디의 멜로디만 가지고 끝까지 박박 우려먹는 음악, 인간의 심장 박동수를 표절한 원초적이고 단순무식한 음악 아닌가? 그런 음악을 지겨워서 어떻게 마냥 듣고 있으란 말인가? 그런데 2만 와트 출력의 스피커로 중무장한 51대의 초대형 트럭위에서 DJ들이 이 음악을 틀고, 150만 명의 테크노 팬이 동시에 춤을 췄다면, 그것도 베를린 시내 한복판의 대로에서 하루 온종일 춤을 추었다면 믿을 수 있을까?

퍼레이드 참가자 150만, DJ 1,500명

7월 10일, 베를린에서 열린 테크노 축제 '러브퍼레이드' 에서 그런 일이 있었다. 오로지 이날 하루를 위해 전 세계 테크노 팬들이 베를린으로 모여들었고 진기록이 속출했다. 응급구호요원과 위생병이 594명, 의사진 26명, 응급조치

회수 1,600건, 탈진증세로 병원에 후송된 사람이 90명. 지나치게 밀집된 사람들 때문에 시내곳곳의 전화망이 혼선에 빠져 휴대폰은 아예 먹통이었다. 또 대낮부터 마약과 대마초를 판매하다 구속된 사람이 37명. 그 와중에 흉기에 찔려 한 사람이 사망하고 두 사람이 중대에 빠졌다. 러브퍼레이드 행사 이래 최초로 일어난 사망 사건이었다. 자정이후 공식행사가 모두 끝난 뒤 시내 곳곳에서 이어진 파티가 280건, 이 파티를 위해서 초청된 DJ만도 국적불문하고 다 합치면 1500명…. 일일이 열거하기도 숨차다.

생일파티 대신 시작된 재미난 러브 퍼레이드 – 그 별난 히스토리

그렇다면 이런 대규모 음악행사는 도대체 어떻게 시작되었을까? 역사를 거슬러 처음으로 돌아가 보자.

1989년, 베를린에 모테 (Motte)라는 사람이 살고 있었다. 자기 자신 DJ이기도 했던 그는 자신의 생일을 맞아 기발한 아이디어를 생각해낸다. 집에서 생일파티를 하는 대신 친구들과 함께 서 베를린의 중심가인 쿠담(KuDamm)거리를 춤을 추며 행진하기로 친구들과 모의한 것이다.

계획을 실행하기 위해 차량 한대가 마련되었고 150여 명의 친구들이 초대되었다. 그게 다가 아니었다. 한 술 더 떠서 구호를 내걸고 행진을 함으로서 일종의 정치적 시위의 성격까지 띄게 되었던 것이다. 당시 그가 내걸었던 모토는 "평화, 기쁨, 그리고 팬케이크" 다분히 상징적인 이 세 단어는 물론 각각 의미하는 바가 있었다. "평화"는 군비축소와 무장해제, "기쁨"은, 다 같이 즐거운 음악을 들으면서 민족 간의 상호이해와 화해를 도모하자, "팬케이크"는 가난한 사람들에게도 생활필수품이 공정하게 돌아가도록 분배를 하자는 뜻이었다.

그렇다고 이 행사가 첫 해부터 엄청난 파장을 불러일으킨 것은 결코 아니었다. 당시에는 많고 많은 일간지와 잡지에 기사한 줄 실리질 않는 조촐한 행사로 끝나고 말았다. 그야말로 자기네들끼리 웃기고 자빠지는 1회성 해프닝으로 무시되었던 것. 하지만 그게 시작이었다. 행사는 해마다 계속 되었고 참가자의 수는 매 해마다 기하급수적으로 늘어났다. 그러면서 점차 세계적으로 테크노 팬들의 관심을 집중시키는 떠들썩한 행사로 자리 잡았고 금년에는 마침내 사상 초유의 150만 명이 참여한 행사로 발전한 것이다. 11년 전 당시에 참여했던 주동자들 가운데 대다수는 이제 테크노 뿐 아니라 하우스 음악 분야에서 인정받는 전문가들로 자리를 잡았다.

총 51대의 초대형 트럭에서 쏟아진 2만 와트 출력의 초고속 테크노

7월 10일, 아침 일찍부터 베를린 시는 완전히 혼란에 빠졌다. 독일 전역과 유럽 각국에서 베를린행 열차들이 쏟아져 들어왔다. 열차마다 김밥 속처럼 사람들을 꽉꽉 눌러 담은 채 중앙역으로 진입하려고 머리통을 들이밀면서 시내 외곽에서 쌈질들을 해대고 있었다. 시내교통은 일찌감치 마비가 되어있었다. 그런가하면 이미 전날 야간열차를 타고 들어와 시내 곳곳에서 음악을 틀어놓고 춤을 추면서 밤을 새운 레이버(Raver)들은 행사장소에 일찌감치 자리를 잡고 느긋하게 기다리고 있었다.

오후 두시, 드디어 퍼레이드가 시작됐다. 서베를린의 에른스트 로이터 광장과 동베를린 중심에서 베를린 시의 한복판에 있는 승전 탑을 향해서였다. 그리고 이때부터 총 51대의 초대형트럭에서 터져 나오는 2만 와트 출력의 초고속 테크노. 베를린 시 전체가 사상 최대규모의 야외 테크노 클럽으로 변신을 하는 순간이었다. 두 패로 갈려 출발한 행사참가자들은 다섯 시간에 걸쳐 총 6킬로미터의 거리를 행진하면서 살이 타들어갈 것 같은 뙤약볕 아래에서 미친 듯이 춤을 추었다. 보통 사람들이야 돈 주고 시켜도 못할 짓이지만 테크노 팬들에게는 평생 잊지 못할 순간순간들이 여기저기서 연출되었다. 러브퍼레이드에 참가하는 열성 테크노 팬들의 소원은 언제고 한번 트럭위에 함께 타고서 춤을 추는 것. 하지만 그런 행운을 잡은 사람들은 불과 몇 천 명의 행사관계자들과 디제이 그리고 전문 댄서들뿐이었다. 결국 나머지 사람들은 트럭을 따라가면서 춤을 추거나 아니면 한군데 자리를 잡고서 지나는 행렬을 구경하면서 하루 종일 흔들어댔다.

음악이야말로 모든 것의 열쇠다

마침내 오후 늦게야 승전탑 둘레에서 하나로 모인 인파를 향해 러브퍼레이드의 창시자인 닥터 모테가 폐막선언문을 낭독했다. 그는 우선 앞으로도 이 행사가 베를린에서 개최될 것이라고 약속했다. 이미 오래전부터 러브 퍼레이드가 금년을 마지막으로 내년부터는 파리에서 개최될 것이라는 등의 루머가 떠돌았었던 점을 감안해서 쐐기를 박아버린 것이다. 이번 행사의 모토는 "Music is the Key". 공식적인 정치집회로 신고 되었던 만큼 연설내용 역시 그런 의미를 담고 있는 내용이 대부분이었다.

"음악이야말로 가장 보편적인 언어이다. 따라서 음악이야말로 가장 적절한 평화의 열쇠이다."

거리에서의 파티는 자정까지 계속되었고 거리 파티가 끝날 무렵 사람들은 하나둘씩 시내곳곳의 클럽들로 향했다. 그리고 오랜만에 덩달아서 주책맞게 광분하던 난 무거운 카메라가방을 질질 끌면서 집으로 향했다.

"Fuck Parade": 변질된 러브 퍼레이드에 반대하는 안티 러브 퍼레이드

11년 전, 닥터 모테가 처음 러브퍼레이드를 창시했을 때 그에게는 전달하고자 하는 메시지가 있었다. 복잡한 정치논쟁을 떠나서 모든 문제를 음악으로 풀어보자는 대의명분이 있었다. 그 때문에 해마다 러브퍼레이드는 색다른 이슈와 모토를 내걸고 치러진다. 이를테면 금년행사의 모토였던 "Music is the Key" 도 그런 경우다. 음악이야말로 국경을 뛰어넘어 인종 간, 국가 간의 벽을 허물고 상호간의 이해를 도모할 수 있는 최상의 도구가 될 수 있다는 이해가 담긴 메시지였다.

그럼에도 불구하고 러브퍼레이드 본연의 의도가 해마다 변질되어가는 것 역시 현실이다. 행사는 나날이 상업화되어갔고 대마초나 마약을 판매하는 불법 상인들이 기승을 부리는가 하면 심지어 혼잡한 파티를 틈타 약삭빠르게 벌건 대낮에 사람들이 지켜보는 가운데 포르노 영화를 라이브로 찍는 사람들마저 등장했다. 음료수 한 병에 다섯 배 이상 폭리를 취하는 한탕주의상인들, 곳곳에 무단방뇨와 쓰레기 투척으로 얼룩지는 자연환경 등, 그 부작용을 일일이 열거하자면 끝도 없이 늘어만 갔다.

그래서 또 시작된 행사가 있다. 나날이 타락해가는 주류문화에 반기를 들면서

L 689

열리는 행사다. 안티 러브 퍼레이드라고 할 수 있는 이 행사는 "Fuck Parade", 우리말로 옮기면 "X까 퍼레이드" 쯤 된다고 할까? 물론 러브 퍼레이드가 열리는 한 날에 열린다. 주최자는 동베를린의 일부 의식 있는 젊은이들로 올해로 세 번째 개최되었다. 이들은 자전거와 렌터카, 미니버스, 승용차등에 장비를 장착하고 우리나라로 치면 홍대입구쯤 되는 동베를린의 뒷골목을 누볐다. 본래는 10대의 행사차량이 동원되었으나, 출발 직전 1대의 자동차 키가 하수구에 빠지는 바람에 9대만 참가를 했다나 어쨌다나. 그들에게도 모토가 없을 리 없다.

"파티 가운데 불법인 파티는 없다. 우리는 무기가 아닌 음악을 가지고 온다. 우리가 전달하고자 하는 메시지는 곧 전쟁을 그만두고 춤을 추자는 것이다."

러브 퍼레이드 후일담

이 글은 러브 퍼레이드가 사상최대의 인파를 동원하며 절정에 달했던 1999년 당시 월간 〈런치 박스〉에 기고했던 글이다. 이후 환경단체와의 갈등, 예산확보의 어려움 등으로 지도부마저 휘청대던 러브 퍼레이드는 해마다 참가인원이 조금씩 줄어들다가 결국 2004년과 2005년에는 개최되지 못하는 최악의 위기를 맞았다. 과거에는 시위성 집회로 인정받아서 각종 편의를 제공받았지만 2001년부터 시위성 집회의 자격을 상실하면서 모든 비용을 자체적으로 해결해야 하는 어려움을 떠안게 되었기 때문이다.

세계 최대 규모의 야외 테크노 파티, 러브 퍼레이드는 시내 중심가의 대로에서 개최되는 무료행사이기 때문에 예산확보도, 행사로 파생되는 엄청난 수익금을 주최자가 회수하기도 어렵다는 딜레마를 태생부터 안고 있었다. 현재 러브 퍼레이드는 전 세계 각국에 전파되어 이스라엘의 텔 아비브, 멕시코의 아카풀코,

검은 산에서 만난 닥터 모테

미국의 샌 프란시스코, 칠레의 산티에고 등에서 수백만 명의 테크노 팬을 매료시키고 있지만, 정작 러브 퍼레이드를 창시한 닥터 모테는 더 이상 행사를 감당하지 못하고 휘트니스 업체에 행사의 권리를 양도했다고 한다.

내가 그 사실을 알게 된 건 2007년이었다. 흔히 알려진 것처럼 생일파티에서 우연히 시작된 게 아니라, 처음부터 기획한 테크노 파티였으며 그의 생일날 개최된 게 아니란 사실도 그때 알았다. 서울에서 만난 그에게 직접 들은 얘기였다.

닥터 모테와 서울에서 보낸 일주일

2002년 무렵, 재정적인 문제로 존폐위기에 놓인 예술가 집단 〈검은 산〉의 아지트를 지키기 위해 베를린의 언더그라운드 예술가와 비주류 문화예술인들이 한 자리에 모인 적이 있다. 자선 바자회 형식으로 예술품을 경매하는 이 행사에서 우연히 닥터 모테를 만났다.

150만 명이 운집한 99년 러브 퍼레이드의 기억이 되살아난 나는 무작정 그에게 내 소개를 했다. 그리고 이렇게 말했던 것 같다. 언젠가 때가 되면 한국에도 꼭 초대하고 싶다고, 한국에서 당신이 디제잉 하는 모습을 보고 싶다고…. 그리고 급하게 사진 한 장을 찍고 헤어졌다. 5분도 채 안 되는 짧은 만남이었지만, 그 순간 내가 했던 모든 말은 진심이었다.

꿈이 현실이 되기 시작한 건 내가 서울로 돌아온 지 3년이 되어갈 무렵, 2006년 가을이었다. 하이 서울 페스티벌 주최측에서 연락을 받았다.
"혹시 닥터 모테 잘 아세요?"
"잘 알지는 못하고 만나 본 적은 있습니다."
"초청을 하려고 하는데 좀 도와주실 수 있을까요? 내년에 서울 월드 디제이 페스티벌을 처음으로 개최하는데 닥터 모테를 꼭 부르고 싶습니다."
집으로 돌아와서 난 당장 이메일을 썼다. 몇 년 전 베를린의 한 행사장에서 우연히 마주쳤던 동양남자를 기억하는지, 그 무렵 당신은 내게 마침 조류독감이 창궐하고 있는 동남아시아로 그럼에도 불구하고 디제잉을 하기 위해 떠날 거라고 말했는데 그 얘기는 기억하는지, 그리고 마지막으로 언젠가 때가 되면 꼭 당신을 한국에 초대하고 싶다고 했던 내 얘기를 기억하고 있는지…. 난 몇 년 전 기억을 더듬어가며 장문의 이메일을 썼다.
그리고 일주일 뒤, 그에게 드디어 첫 번째 답장이 왔다.
이후, 6개월에 걸친 서울시와의 길고도 지리한 협상, 딜레이, 취소, 협상 재개의 과정 끝에 마침내 계약서가 오갔다. 그리고 닥터 모테가 서울에 왔다.

한강변 난지캠프에서 개최된 제 1회 월드 디제이 페스티벌에서 단연 화제가 되었던 사람은 몬도 그로소와 닥터 모테였다. 사실 몬도 그로소의 지명도에 비하면 닥터 모테는 한국의 음악팬들에게 익숙한 존재가 아니었다. 그럼에도 불구하고 관객들은 모테의 유럽풍 디제잉에 열광했고 깊은 감명을 받았다. 닥터 모테도 놀랐고 관계자들도 놀랐다.

길고도 지루했던 준비기간과 수많은 스트레스와 뒷이야기에도 불구하고, 결국 지나고 나면 남는 건 아름다운 추억뿐이다. 스포트라이트가 쏟아지고 수만 명의 레이버들이 열광하던 순간, 디제잉을 두 시간 앞두고 감기약에 취해서 침대에 쓰러져 있는 그를 깨우려고 호텔 보이를 대동하고 방문을 강제로 따려 했던 일, 홍대앞 길을 걸으며 사먹던 떡볶이와 쉬지 않고 떠들었던 수다들….

이봐 모테씨. 덕분에 나도 많이 즐거웠어. 다음에는 베를린에서 만납시다. 나 베를린 가면 냉대하지 마. 그래줄 거지?

재즈영화 〈블루노트〉
(Blue Note – A Story Of Modern Jazz)

'Verve', 'Atlantic'과 함께 재즈의 명반 레이블로 손꼽히는 'Blue Note', 재즈영화 〈블루노트〉는 이 음반 레이블을 주인공으로 한 영화다. 찰리 파커의 일대기를 다룬 클린트 이스트우드 감독의 영화 〈Bird〉에서 재즈뮤지션이 주인공이었다면, 'Round Midnight' 이란 사운드 트랙음반으로 잘 알려진 루이 말 감독의 영화 〈사형대의 엘리베이터〉에서는 마일즈 데이비스의 트럼펫이 영화의 분위기를 압도하며 주인공보다 유명해진 적도 있다.

하지만 줄리안 베네딕트 감독이 만든 영화 〈Blue Note - A Story Of Modern Jazz〉(1997년작)의 주인공은 말 그대로 'Blue Note'라는 음반레이블이다. 감독은 블루노트라는 음반레이블이 만들어지기까지의 과정과 수많은 뮤지션들과의 인터뷰, 그리고 지금까지 공개된 적이 없는 연주장면을 담은 기록필름들로 한편의 다큐멘터리를 제작했다. 허비 행콕, 맥스 로치, 론 카터, 호레이스

mit

Herbie Hancock Max Roach Ron Carter
Horace Silver Kareem Abdul Jabbar
Taj Mahal Carlos Santana Cassandra Wilson
Freddie Hubbard Johnny Griffin André Previn
Lorraine Gordon Bertrand Tavernier
Dexter Gordon Thelonious Monk Bud Powell
Francis Paudras Sonny Rollins
Art Blakey Bob Belden

Namen wie Art Blakey, Dexter Gordon, Ron Carter, Herbie Ha
oder Thelonious Monk stehen für das große Zeitalter des
Aber wer kennt Alfred Lion und Frank Wolff, die all diese Kü
mit Ihrem BLUE NOTE-Label betre

Die beiden aus Nazi-Deutschland emigrierten Juden habe
amerikanische Kunstform 'entdeckt', die bis dato im Mainst
Amerika wenig ernsthafte Aufmerksamkeit bekam: Die Jazz

Ohne Geld oder Verbindungen und ohne richtig Engli
können, begannen Alfred Lion und Frank Wolff, die Musik pra
unbekannter Künstler aufzunehmen. Heute liest sich die
dieser Künstler wie ein 'Who is Who' des

Der Film erzählt die Geschichte dieses Plattenlabels u
Geschichte des modernen

A STORY OF MODERN J

BLUE NOT

Gut recherchiert, inform
und mehr als kurzwe
Stuttgarter Nachrichten

...in den USA schon längst ein Gehein
Der Spiegel

...swingendes Zellu
Jazzpodium

ab 16.04.98

Babylon
Kreuzberg, Dresdener Straße 126
Tel. 61 60 96 93
17^{45}, 20^{00}, 22^{15}

Filmkunst 66
Charlottenburg, Bleibtreustraße 12
Tel. 882 17 53
18^{15}, 20^{30}

Hackesche Höfe Filmtheater
Mitte, Rosenthaler Straße 40 / 41
Tel. 283 46 03
Anfangszeiten telefonisch erfragen

Premiere mit Regisseur
am 15.04. um 20^{00}

Soundtrack avai
BLUE NOTE

mit freundlicher Unterstützung der MFG Baden-Württemberg im Verleih der Edition Salzg

실버, 앙드레 프레빈…. 이미 전설이 되어버린 뮤지션들이 그들의 전설을 가능하게 해준 두 사람의 숨은 공로자들과 블루노트에 대해 이야기를 들려준다.

함부르크 출신의 독일감독이 블루노트에 관심을 가지게 된 건 어쩌면 당연한 일일지도 모른다. '블루노트'라는 음반회사는 알프레드 리온과 프랑크 볼프라는 두 독일인들에 의해 1939년에 설립되었다. 두 사람은 나치가 집권하자 유태인이라는 이유로 블루스를 배웠던 베를린을 떠나 미국으로 함께 망명해야 했다. 역사의 아이러니라고나 해야 할까. 어쩌면 이들에게 있어서 미국행은 진정한 재즈의 본고장을 찾아가는 결정적인 계기가 되었으니 말이다.
독일감독이 만든 재즈영화가 그래미상 "Best Music Video, Long Form" 부분에 노미네이트되었단 사실만으로도 지대한 관심의 대상이 되었던 이 영화에 대해 베네딕트 감독이 독일의 한 잡지사와 인터뷰한 내용을 그대로 옮긴다.

어떻게 해서 재즈레이블을 주인공으로 한 영화를 만들 생각을 하셨습니까?
이전에 치코 해밀턴에 관한 다큐멘터리 영화를 만든 경험이 있었기 때문에 프로듀서가 저에게 제안을 했습니다. 솔직히 말하자면 개인적으로 저 자신은 블루노트에 관한 전문가는 아닙니다. 다만 제 영화에서 보여주고자 한 것은 두 유태인이 미국에서 어떻게 재즈레이블을 만들게 되었는가 하는 과정을 되돌아보는 정도였습니다. 작품을 준비할 시간도 많지 않았지만 일단 일에 뛰어들고 나니 많은 사람들이 다가와서 수많은 이야기를 들려주기 시작했습니다. 그 이야기들을 물론 모두 다 담을 수는 없고 저에게는 방책이 필요했습니다. 바로 재즈에서의 임프로비제이션과 같은 것 말입니다. 주어진 하나의 테마를 가지고 솔로를 연주하고 그러고 나면 다시 테마로 되돌아오는, 저는 바로 그와 같은 원리로 영화를 만들고자 했습니다.

"블루노트"는 거의 대부분이 블루노트소속 뮤지션들의 기록 필름으로만 구성이 되어있습니다. 어떻게 그렇게 짧은 시간에 많은 자료들을 모을 수 있었습니까?

우선 덴마크에 있는 한 자료보관소를 찾아갔습니다. 그러자 예전에는 본적이 없었던 자료들이 쏟아져 나오기 시작했습니다. 영화를 만들면서 기본적으로 가지고 있었던 구상이 있다면 그건 일종의 균형 같은 것이었습니다. 관객들이 쉽게 자신과 동화시킬 수 있는 낯익은 곡들을 들려주면서 한편으로는 음악적으로 소외되어왔던 부분들을 보여주는 그런 균형 같은 것 말입니다. 일단 사람들의 귀에 익숙한 멜로디 부분을 들려주고, 건너뛰어서 음악적으로 훨씬 더 흥미로운 솔로부분을 들려주는 겁니다.

영화 '블루노트'에는 어떤 독특한 분위기가 담겨있습니까?

처음에는 도대체 왜 블루노트의 음반들이 그토록 뛰어난지 원인을 알고 싶었습니다. 과장이 아니라 블루노트의 음반들을 들을 때면 정말이지 몸이 막 가벼워지는 느낌이 들곤 합니다. 그래서 저는 리온과 볼프가 음악가들과 어떤 식으로 작업을 했는지 알아보고 싶었습니다. 가장 좋은 방법은 뮤지션들과 인터뷰를 하는 거였지요. 생존해있는 뮤지션들과 인터뷰를 하는 사이에 저는 이미 세상을 떠난 두 사람을 불러내서 이야기를 나눌 수 있었습니다.

영화 속에는 망명과 이민에 대한 이야기들도 담겨 있던데요.

영화를 만드는 과정에 과거 토마스만의 비서로 일하던 사람과 대화를 나눌

베를린의 재즈 라이브 클럽 '크바지모도'

기회가 있었습니다. 그래서 독일의 예술가들이 미국에서 어떻게 망명생활을 했는지 알게 되었습니다. 하지만 무엇보다 신기한건 어떻게 유럽에서 온 두 백인들이 미국의 흑인 음악가들과 작업을 하게 되었는가 하는 점이었습니다. 당시의 분위기는 백인들이 할렘가를 활보하고 그 속에서 최고의 명성을 얻는다는 건 상상하기 힘든 일이었으니까요. 그러기 위해서는 무언가, 이 두 명의 백인과 흑인들을 이어주는 고리가 있어야만 했습니다. 그리고 결국 제가 찾아낼 수 있었던 단 하나의 해답은 바로, 블루스였습니다.
론 카터가 한번은 그런 말을 한 적이 있습니다. '발라드건 그루브한 음악이건 상관없다. 내가 찾는 건 바로 블루스적인 느낌이다' 라고. 리온과 볼프가 이들과 작업을 할 수 있었던 공감대는 바로 블루스라는 필링이었습니다.

'블루노트' 에서는 재즈와 함께 사진에 대해서도 많이 다루고 있는데 어떤 동기가 있었습니까?
참 희한한 일입니다만, 지금까지 사람들은 프랑크 볼프라는 인물에 대해서 너무나 모르고 있었습니다. 이제야 서서히 사람들은 사진작가로서의 그의 면모에 관심을 갖기 시작하고 있습니다. 그가 찍었던 수많은 스틸사진들과 블루노트의 앨범재킷사진들은 그를 평가하는데 있어서 지금까지 너무 도외시되어왔습니다. 그는 언제나 같은 조명을 가지고 재즈뮤지션이라는 같은 피사체를 대상으로 사진을 찍었지만 그 한 장 한 장은 너무나 다른 개성을 지닌 작품들이었습니다. 아마도 이런 사실들이 두 사람이 가지고 지니고 있었던 비밀 같은 게 아닌가 싶습니다. 리온과 볼프, 이들 두 사람은 단 한 번도 앞에 나서본 적이 없이 그렇게 묵묵히 뒤에 서서 자신들의 역할을 했던 사람들이었습니다.

영화 〈블루노트〉

기록영화가 보여주는 사실성은 때로 '영화' 로서의 예술적인 가치를 염두에 두지 않은 채 지나치게 사실을 알리는데 치중한 나머지 기록만 남고 영화는 사라지는 경우를 종종 본다. 줄리안 베네딕트감독의 영화 〈블루노트〉에서 가장 돋보이는 점이 있다면 그건 감독 자신이 얘기했듯이 '균형감각' 이라는 말로 대표할 수 있을 것 같다. 사실과 예술성 사이의 균형, 스포트라이트의 전면과 이면에 대한 균형, 전통과 진보사이의 어느 곳이건 한 치의 덜함도 더함도 없이 객관적인 시각을 던지는 균형. 이처럼 감독의 절제되고 균형 있는 어법과 세련된 연출 감각은 한편의 기록영화를 생동감 있고 감동적인 예술로 승화시키는데 성공했다. 물론 이 모든 것이 가능했던 것은 그 자체만으로도 한편의 영화를 능가하는 기록필름들이 있었기 때문에 가능했지만 말이다.

베네딕트감독은 시간과 공간을 넘나들면서, 텔로니오스 몽크가 중절모를 쓴 채 땀을 뻘뻘 흘리며 피아노를 연주하는 장면과, 요즘 젊은이들이 애시드 재즈를 들으며 춤을 추는 장면들을 몽타주로 매끄럽게 이어간다. 그리고 사이사이 끊임없이 이어지는 인터뷰들이 역사적인 사실자료들을 보충해준다.

허비 행콕을 비롯한 뮤지션들은 한 결 같이 입을 모아 이야기한다. 알프레드 리온이란 인물이 없었다면 블루노트라는 '패밀리' 도, 수많은 명반들도 존재하지 않았을 거라고.

때로는 아버지처럼, 때로는 친구처럼 리온은 당시까지만 해도 제대로 대접을 받지 못하고 하루하루를 연명하던 흑인뮤지션들의 모든 걸 보살펴주었다. 그리고 그들의 가치를 발견해서 빛을 발하게 만들어 주었다. 이렇게 해서 40년대와

50년대 미국의 재즈사는 가히 블루노트의 역사라 해도 과언이 아닐 정도로 수많은 명반들이 제작되었다. 이를테면 녹음을 앞두고, 버드 파웰의 명성에도 불구하고 당시로서는 한낮 무명이던 텔로니오스 몽크를 선택해서 재즈사의 혁명적인 계기를 만들었던 것도 리온의 결정이었고, 유행에 아랑곳하지 않고 실험적인 곡을 쓰는 젊은 무명연주자들에게 기회를 제공해서 모던재즈의 길을 텄던 것도 역시 그의 과감한 결정이 아니었으면 불가능한 일이었다. 그런가하면 어느 음악전문가는 인터뷰에서 이렇게 말한다.

"가끔씩 전 음악은 듣지 않고 재킷만 봅니다."

리온의 미망인이 들려주는 얘기에 따르면 리온과 볼프 두 사람은 몸은 둘이었지만 마음은 하나였다고 한다. 그리고 그중 하나가 뮤지션들을 돌보고 앨범을 녹음하는 사이에 또 하나의 분신은 그 모든 과정들을 사진으로 남겼다. 그 자체가 하나의 작품이었던 블루노트의 앨범재킷들은 숨은 공로자 프랑크 볼프에 의해서 만들어졌다.
영화 블루노트에는 일일이 열거할 수 없을 정도로 수많은 요소들이 들어있다. 영화전편을 흐르는 익숙한 명곡들, 아트 블레키가 처음 무대에 섰을 때의 모습을 비롯한 연주장면들, 마스터 테이프에서 LP가 제작되는 과정 등.

그럼에도 불구하고 누군가 인터뷰에서 이야기하듯 영화를 시종일관 관통하는 하나의 주제는 역시 우정과 사랑이다. 두 사람의 백인과 흑인뮤지션들이 만들어가는 우정과 그렇게 해서 가능했던 블루노트의 신화, 그리고 그들을 하나로 이어주었던 재즈에 대한 사랑. 실력보다는 이미지와 매니지먼트로 스타를

BLUE NOTE

OPEN
SESAME
FREDDIE
HUBBARD
tina brooks
mccoy tyner
clifford jarvis
BLUE NOTE

STEREO
BLUE
NOTE
TRIP
SATURDAY NIGHT
SUNDAY MORNING
THE FINEST IN JAZZ SINCE 1939
200210 BLUE NOTE

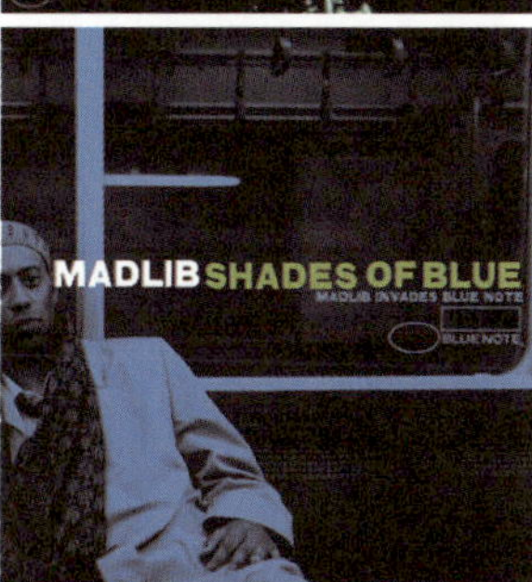
MADLIB SHADES OF BLUE
MADLIB INVADES BLUE NOTE
BLUE NOTE

NEWK'S
TIME
SONNY
ROLLINS
Blue Note 4001

CLIFFORD BROWN
blue note 1526
memorial album

GREEN IS BEAUTIFUL / GRANT GREEN

john coltrane
BLUE TRAIN
blue note 53428

만들기도 하고 하루아침에 전락시키기도 하는 대중음악풍토와 이러한 추세를 부추기는 자본주의 시장경제의 메커니즘 안에서는 상상하기 힘든, 이미 동화처럼 들리는 촌스런 이야기일지 모르지만.

사랑도 통역이 되냐고?

가물에 콩 나듯 부업으로 통역을 한다. 일거리가 자주 없어서 그렇지, 1주일에 서너 번만 계속 일이 터져 준다면 고액을 벌 수 있는 게 통역일이다.
며칠 전에도 한국에서 온 고위층 손님을 모시고 독일정부의 한 부처를 방문했다. 이틀 전부터 미리 정부부처 홈페이지에 들어가서 자료를 검색하며 예습까지 했다. 오랜만에 새벽에 일어나서 준비를 하고, 나이가 많으신 '어른'과 수행원들을 모시고 다녔다.

서로 다른 언어를 쓰는 사람들 사이에서 말을 전달한다는 건 정말 어려운 일이다. 가장 큰 이유는 어떨 때 직역을 해야 할 지, 어느 순간에 우리말로 부드럽게 바꿔줘야 이해가 쉬울지를 늘 염두에 두고 있어야 하기 때문이다. 외국말을 옮기는 게 아니라 문화를 필터링해서 옮겨야만 하는 순간들도 있다. 게다가 5초 이상 내가 입을 떼지 않으면 브리핑 룸의 분위기가 순식간에 어색해지기

BUNRAKU

때문에 화장실은 아예 못 간다. 이쪽에서 열 마디쯤 한 것 같은데 저쪽에 세 마디만 전해주면 말한 사람은 의심스러운 눈으로 날 쳐다보고, 듣는 사람은 계속 내 입을 쳐다보는 상황도 벌어진다. 반대로 '바둑이' 란 단어를 독일말로 설명하려면 적어도 2분은 걸리지만, 그러면 또 나중에 한 소리를 듣는다. 저 통역사는 왜 저리 말이 많아? 혹시 안 해도 되는 얘기까지 막 갖다 붙이는 거 아냐?

〈Lost in Translation〉이란 영화를 봤다. 포츠담 광장에 있는 멀티플렉스 영화관에서 한국인 친구와 같이 봤다. 제목도 맘에 들었거니와 인터넷 사이트에서 읽어 본 영화내용도 맘에 들었다. 차분하고 느낌이 좋은 영화일 것 같았다. 우린 극장 앞에 서자마자 5초도 안되어서 이 영화를 보기로 의견의 일치를 봤다.

영화는 예상대로 차분했고, 빌 머레이의 연기는 역시 무게감이 있으면서도 정밀하고 노련했다. 그런데, 불과 20분을 넘기기도 전에 이상한 기분이 들기 시작했다.
도쿄의 호텔에 들어서는 빌 머레이에게 호텔 직원들이 지나칠 정도로 정중하게 인사를 하는 장면에서 관객 몇 명이 킥킥거리고 웃기는 했지만 그냥 그러려니 했다. 하지만 영화는 자꾸만 일본인의 과장된 인사와 엉터리 영어발음을 과대포장해서 보여주기 시작했고, 그럴 때마다 관객들은 나와 다른 타이밍에서 매번 아주 '잔인하게' 웃어댔다. 내 옆자리에 앉아 있던 독일 아가씨들은 영화내용과 상관없이 아예 5분 간격으로 무조건 웃었다.

갑자기 동물원 우리에 갇힌 기분이 들었다. '오늘은 일요일이다. 난 원숭이다. 철창 너머에는 주말을 맞아 엄마 아빠 손 잡고 소풍 나온 아이들이 득실거린다.

아이들은 내가 손 하나만 까딱 해도 자지러지게 웃는다. 엄마도 웃고, 아빠도 웃는다….'

캄캄한 극장 안에서 서로의 표정을 읽을 순 없었지만, 친구 역시 같은 기분을 느끼고 있다는 걸 직감으로 알았다.

극장 안에 있는 수백 명의 관객들 가운데 동양사람이라고는 친구와 나뿐이었다.

그 중에도 압권은 빌 머레이의 위스키 광고 촬영 장면이었다. 포토그래퍼가 정신질환자처럼 신경질적으로 '캇또'(cut)를 외칠 때도, 촬영장 통역을 맡은 일본여자가 포토그래퍼의 장광설을 단 한마디로 옮길 때에도 독일관객들은 미친 듯이 웃었다. 그건 슬랩스틱 코미디를 볼 때 터져 나오는 웃음과는 달랐다. 웃음소리는 너무 잔인하고 차가웠다. 더 정확하게 말하자면 어차피 동북아시아와 동남아시아의 차이조차 모르는 대부분의(아직까지도 현실이 그렇다) 관객들은 특별히 몇몇 일본인들의 엉터리 영어발음 때문에 웃은 것이 아니라, 키 작고 눈 찢어진 동양 사람이, 키 큰 서양인에게 친절하다 못해 주책을 떨고 아부하는 모습을 보면서 그걸 즐겼던 것이다. 일본사람도 아닌 내가 함께 웃으면서도 내내 어색하고 불편했던 건 그 때문이다.

얼마 뒤, 이 영화가 금년도 골든 글로브 뮤지컬/코미디 부문에서 작품상, 남우주연상, 각본상을 휩쓸었단 소식을 들었다. 이 영화가 한국에서는 〈사랑도 통역이 되나요〉라는, 아주 그럴싸한 로맨스 영화 제목을 달고 개봉되었다는 사실도 전해 들었다.

프랑스인 여자 친구와 사귄 적이 있다. 우린 8개월이 조금 넘게 사귀다 헤어졌다.

SCHÖN, DASS SIE DA SIND!

하지만 분명히 말하건대 우리가 헤어진 건 통역이 안 되기 때문은 아니었다. 문화적 차이로 많이 싸우기도 했지만 정작 우리가 헤어진 근본적인 이유는 성격차이였다. 프랑스 여자와 한국 남자가 만나도, 일본 여자와 브라질 남자가 만나도 그건 마찬가지다. 사랑이 깨지는 건 서로에 대한 이해심의 차이가 표준편차를 심하게 벗어날 때이거나, 애정의 농도가 희석되면서 서로 단점만 들여다보기 시작할 때이지, 문화와 언어가 달라서는 결코 아니다. 더구나 이 영화에서 주인공 두 사람은 미국인들이다.
이 영화 제목을 한국말로 번역하면서 '사랑' 이란 단어를 집어넣은 건, 아무리 좋게 이해하려고 해도 낯간지러운 장삿속이 불러온 난센스였다. 사랑도 통역이 되냐고?
자본주의의 꽃은 광고라는 말이 정말 맞긴 맞나보다.

중년남자의 쓸쓸함과, 꿈을 잃은 젊은 주부의 상실감이 아름답게 스쳐 지나가는 영화 〈Lost in Translation〉은 빌 머레이의 연기력도, 감독의 연출도 탁월한 수작이었다. 그런데도 내가 이 영화를 보고 내내 씁쓸함을 떨쳐버릴 수 없었던 건, 무대배경으로 아주 가볍게 사용된 일본, 아니 아시아 어느 나라에 대한 감독의 이해부족, 혹은 지나친 과장법 때문에 돌에 맞은 개구리처럼 납작한 심정으로 유럽에 있는 한 극장 문을 나서야했던 그 날의 내 기분이 더러웠기 때문이다.

우린 그동안 배낭을 짊어지고, 공부를 하기 위해 책을 싸들고 끊임없이 유럽과 미국을 찾아 떠났지만, 그들은 아직 우리를 모른다.
몰라도 너무나 모른다.

송구영신, 베를린

"어려운 부탁드리려 글을 적습니다. 22일에 베를린으로 돌아가려던 제 계획이 한 주 연기되었어요. 제가 부장님께 직접 말씀드려야 도리이겠으나 이렇게 대신 부탁드립니다. 저희 언니가 예상치 못한 암 진단을 받아 급작스럽게 다음 주에 수술을 받게 되었습니다. 어머니를 잃고 가뜩이나 상심한 언니를 혼자 병실에 남겨두고 떠날 수가 없어서, 계획을 연기했어요. 자세한 말씀은 가서 드릴게요…."

그녀와 난 같은 사무실에서 파트타임으로 일을 하며 유학생활을 하고 있는 동갑내기다. 2주일 전, 갑자기 어머니가 돌아가셨다는 소식을 듣고 한국으로 달려간 그녀는 일정을 늦춰야하는 사정을 이메일로 전해왔다. 세상을 달관한 것 같은 어조로 그녀가 전하는 이야기는 그게 다가 아니었다.

"와서 보니 왜 이리 아픈 사람이 많은지, 어머니 상 치르러 온 제가 선배 장례

Kein
T€URO!
- Weintrauben
- Äpfel
- Aprikosen

까지 치렀습니다. 그 집안은 거의 온 가족이 모두 올해 세상을 뜨셨다더군요. 사람목숨이 뭔지 참 허무하기만 합니다. 제 남편도 혼자 독일에 남아있는데 여러 가지로 생각이 복잡하네요. 항상 건강부터 챙기세요. 어려운 부탁드려 미안합니다….”

저 좋아서 공부한다는 자식을 객지에 보내놓고 혼자 외롭게 여생을 마감했을 어머니와, 그런 어머니의 영전 앞에서 회한의 눈물을 흘렸을 그녀를 생각하다가, 갑자기 대상을 알 수 없는 울화가 치밀고 올라왔다. 왜 이러고들 살아야 하는 걸까, 젠장….

처음 한국을 떠나올 때, 혼자서 마음속으로 다짐한 게 하나 있었다. ‘아무리 내가 하고 싶은 일이 있어도 아버지가 원하지 않는다면 다시 돌아간다. 언제든 돌아간다.’ 그건 아버지가 결코 당신 아들에게 그런 요구를 할 사람이 아니라는 걸 알기 때문이었다. 그런 당신이 그래도 원한다면, 그땐 만사 제쳐두고 돌아간다….

가끔씩 집으로 전화를 넣을 때마다 아버지는 객지에 나가서 사는 아들 걱정만 하셨다. 네 할 일이나 알아서 잘 하라는 말씀만 자꾸 반복하셨다.

“잔치 같은 거 싫다 그러셔서 그냥 가족들끼리 조촐하게 밥 먹고, 아버지 틀니 해드렸다. 이를 새로 하고 나니까 아버지 옛날 그 훤한 인물이 다시 나오는 거 있지. 그러니 넌 아무 걱정 말고 네 생활이나 잘 해.”

금년 아버지 생신에는 반드시 잠깐이라도 가겠노라고, 전화통화를 할 때마다 번번이 큰소리를 쳤지만 난 갈 수가 없었다. 미안한 마음에 슬쩍 전화를 넣어보지만 누나나 형이나 내 걱정부터 앞세운다. 대한민국에서 태어난 막내들만이 누릴 수 있는 특권 가운데 하나를 악착같이 우려먹고 있는 나는 정말로 나쁜 자식이다.

내가 아주 어렸을 적, 아버지는 가족사진을 참 많이도 찍어주셨다. 사진 한 장 찍을 때마다 가족들을 5분쯤은 세워놓으시던 아버지, 다 맞은 초점을 몇 번씩 다시 확인해보는 꼼꼼한 성격 때문에 어머니에게 번번이 짜증 섞인 구박을 들었지만 덕분에 나에겐 그 무렵 내 또래 아이들에 비해 사진이 몇 배나 더 많이 남아있다.
중학교 때부터 난 아버지의 카메라를 만지작거리기 시작했다.

고등학교 졸업식 날, 친구들을 열 명쯤 모아놓고 아버지가 사진을 찍어주었는데, 사진을 현상해놓고 보니 키가 큰 친구 두 명의 머리가 이마부터 잘려 있었다.
아버지가 완벽한 사람이 아니라는 걸, 그리고 내 아버지가 서서히 늙어가고 있다는 걸 그때 처음으로 알았다.

크리스마스가 다가오면 아버지는 1주일 전부터 해마다 똑같은 팻 분의 캐롤을 틀어주곤 했다. 내가 어려서부터 브라스 밴드가 섞인 음악을 유난히 좋아하게 된 것도, 그러다 결국은 재즈를 '신봉' 하게 된 것도, 그 시절에 아버지가 가끔씩 즐겨듣던 음악적 취향에서 크게 벗어나지 못했다는 걸 깨달은 건 그로부터 한참 뒤의 일이다. 생각해보니 10년 넘게 달고 사는 불면증에 이르기까지 어느 것 하나 아버지의 흔적이 묻어나지 않은 게 없었다.

지난해 연말은 인천 집에서 5년 만에 가족들과 보냈다. 정확히 말하자면 대부분의 시간은 날마다 경인선을 타고 서울에 가서 보냈다고 하는 게 더 맞다. 그리고, 7년 만에 그녀와 재회를 했다. 캘리포니아에 살고 있는 그녀 역시 서울에 잠깐 돌아와 있었다. 우리가 처음 알게 될 무렵, 그녀는 아직 좀처럼 입을 떼기 싫어하는 쿨한 고등학생이었고, 입시철에 교실 책상에 촛불 수십 개를 켜놓고 앉아서 명상을 하는 문제아였다. 생긴 것도 하는 짓도 딴판인 우리는 애인도, 친구도, 다른 그 무엇도 아니었지만 10년이 넘도록 서로 연락을 끊지 못했다. 사람들은 그런 우리 사이를 좀처럼 이해하지 못했다. 그건 나도 마찬가지였다. 12월 31일, 갑자기 쏟아진 폭설로 교통이 마비된 남산 순환도로를 절반은 걸어서 올라갔다. 미리 예약해놓은 호텔 스위트룸에 그녀와 그녀의 남편, 그리고 마지막으로 본 지 10년이 다 돼 가는 낯익은 얼굴들이 거짓말처럼 예전의 그 표정 그대로 다시 모여 있었다. 화제 거리조차 바뀐 게 하나도 없었다. 속으로 가만히 안도감을 느꼈다. 나 혼자 시간여행을 하다 잠시 돌아온 그 묘한 기분….

제야의 종소리 대신 우린 호텔에서 준비한 불꽃놀이를 보면서 새해를 맞았다. 어떤 사람들은 꽁꽁 언 호텔 수영장 안에서 스케이트를 타면서 새해를 맞기도 했다.

그녀가 그랬다. 서른 살 생일은 터키의 이스탄불에 가있을 거라고, 남편이 함께 가지 못해도 자기는 서른 살의 생일을 동양과 서양의 중간지점에서 보내고 싶다고…. 그녀의 생일날, 아무 약속도 하지 않고 무작정 터키로 날아가, 북적대는 이스탄불의 시장 한 복판에서 그녀를 찾아 헤매고 있는 내 모습을 상상해 봤다. 못할 것도 없었다. 다만 문제는 아직 10개월이나 남아있는 그녀의 서른 번째 생일까지 내가 과연 그 날짜를 기억하고 있을까 하는 것뿐이었다. 지금까지 난 단 한 번도 다른 사람의 생일을 제대로 기억해본 적이 없다.

불꽃놀이가 남긴 뽀얀 화약연기 사이로 멀리 한강이 내려다보였다.

베를린으로 돌아오기 며칠 전, 차를 타고 가면서 잠시 아버지와 단둘이 있을 기회가 생기자 아버지가 말문을 열었다.
"난 네가 공부고 뭐고 그냥 좀 옆에서 같이 살았으면 좋겠다."
드디어 올 것이 왔는데, 아무 말도 할 수 없었다. 죄송하단 말도 나오지 않았다. 그리고 3일 뒤, 여행가방을 다시 꾸리면서 수십 년 된 아버지의 옛날 앨범 속 사진 몇 장을 챙겨 넣었다. 두 분의 결혼식 사진과 엄마의 고등학교 시절 증명 사진 뭐 이런 것들이었다. 베를린을 떠나오기 전부터 챙겨가려고 맘먹고 있던 사진들이었다. 아버지는 희한한 짓만 골라서 하고 철들지 못한 채 자꾸 나이만 먹어 가는 막내아들을 신기한 듯이 바라보았다. 이제 그만 돌아와서 함께 살기를 바라는 늙은 아버지에게 나 혼자 마음속으로 다짐했던 약속도 지키지 못한 채, 오히려 색 바랜 당신의 흑백 추억까지 빼앗아서 난 그렇게 베를린으로 돌아와 버렸다.
내 아버지가 이렇게까지 약해질 거라고는 예상하지 못했다. 당혹스러웠다.

난 역시 날짜를 기억해내지 못했다. 그녀의 생일날, 그녀가 사는 캘리포니아도, 이스탄불도 아닌 뉴욕에서 전화가 걸려왔다.
그녀가 말했다. 서른 살의 생일은 엉뚱하게 뉴욕에서 혼자 보내야했다고, 하지만 썩 괜찮은 날이었다고 했다. 목소리가 유난히 경쾌했지만, 많이 외로운 것 같았다. 나 혼자서라도 이스탄불에 가서 북적대는 시장을 헤매고 다니지 않은 게 조금 후회됐다. 그럼 그녀가 조금 덜 외로웠을지도 몰랐을 텐데….

연말이 되면 어쩔 수 없이 쓸쓸해진다. 난리법석을 치고 놀아도 그건 마찬가지다. 1년 동안 밀린 생각들이 이렇게 두서없이 뒤죽박죽으로 비집고 튀어나오는 것도 막을 도리가 없다. 이제 얼마 안 있으면 성탄휴가를 보내기 위해 독일 사람들은 귀성열차를 탈 것이고, 나같이 동양에서 온 이방인들은 여기가 내 땅이 아니라는 사실을 뼈저리게 실감해야 한다. 하지만 그렇게 며칠만 버티고 나면 성탄절이 지나고, 그리고 나면 또 거짓말처럼 한 해의 마지막 축제 분위기로 온 도시가 자극적으로 흥분하기 시작한다. 아이들이 길거리에 마구 뿌리고 다니는 콩알탄이 그 신호탄이다.

해마다 마지막 날은 조용히 보내본 적이 없다. 금년에도 난 어쩌면 밤새도록 화약연기와 샴페인으로 뒤범벅이 될지도 모르겠다. 그리고는 옆구리가 터진 폭죽 껍데기가 수북하게 쌓인 새벽길 어딘가를 터벅거리며 녹초가 된 채 집으로 돌아오고 있을지 모르겠다.

더치페이가 다시 싫어질 무렵,

서울, 2001년 겨울

"야, 너…, 내 친구, 맞, 냐?"

혀끝이 돌아갈 때까지 술을 마신 녀석이 마지막으로 내뱉은 멘트였다. 하지만 난 눈 하나 깜짝하지 않았다. 친구 맞다고, 친구 아니라고도 말 안했다. 그저 무표정한 얼굴로 녀석을 계속 응시했다.

녀석과 난 17년 된 친구사이다. 햇수가 뭐 그리 중요한가 싶을 수도 있지만 정작 내가 하고 싶은 얘기는 따로 있다. 지난 17년 동안 우린 만나기만 하면 싸웠고 요즘도 싸운다. 이유도 참 많지만 그중에서도 가장 큰 이유는 서로의 스타일을 못 견뎌한다는데 있다. 녀석은 나의 소심한 스타일을 못 견뎌하고(내 식으로 표현하자면 그건 세상과 인간에 대한 조심스런 배려다.), 난 녀석의 격한 감정표현과 거친 스타일이 늘 버겁다.(녀석은 자기가 가슴이 따뜻한 인간이라

그런 거라고 늘 우긴다.) 그렇게 싸우다 보면 보통 "넌 역시 꼴통이야, 앞뒤가 꽉 막힌 꼴통"이란 말을 주고받는 걸로 그 날의 싸움을 끝내고 언제 그랬냐는 듯 낄낄대며 3차를 가는 게 순서였다. 그런데 이번에는 녀석이 무언의 협정을 깨고 예전에 안 쓰던 대사를 쳤다. 친구 맞냐고. 너 내 친구냐고.

술집을 나오면서 난 당연히 계산대를 그냥 지나쳤다. 물론 나 역시 돈을 벌지만 아직까지 내 공식적인 신분은 학생이고, 명함을 서너 개씩 가지고 다니며 보따리 장사에서 프리랜서까지 겸업을 하고 있는 놈이 버는 돈은 내가 버는 돈보다 훨씬 많았다. 술값이 아니라 길거리에서 콜라 한 병을 사서 나눠 마셔도 돈은 당연히 놈이 냈다. 오늘처럼 놈이 교전수칙을 무시하고 발언의 수위를 높여서 분위기가 험악해져도 그건 마찬가지였다. 놈 역시 그게 당연하다는 듯, 친구 같지도 않는 내가 마신 술값까지 계산하기 위해 휘청거리며 카운터로 걸어갔다.

4년만의 서울 나들이, 불과 열흘밖에 안 되는 일정 가운데 난 녀석을 두 번 만났고 두 번 싸웠다. 베를린으로 돌아오기 전 날, 역시나 술에 쩐 목소리로 전화를 걸어온 놈에게 난 나오지 말라고 신신당부를 했지만, 결국 놈은 일찌감치 공항으로 배웅을 나왔다. 떠나기 전에 놈에게 난 이렇게 말했다.

"야, 너, 엊그저께 찐하게 한 잔 사겠다 그런 거, 그거 내가 시간이 없어서 못 마셨다. 다음에 나 또 나오면 꼭 사라."

그때까지 놈이 벌어놓은 돈을 다 까먹지 말아야 할 텐데.

2002년 여름, 베를린

오랜만에 슈테판을 만났다. 지난 해 베를린 영화제에서 김기덕 감독의 〈나쁜 남자〉를 함께 본 이후로 처음이니까 다섯 달 만에 처음 보는 셈이다. 슈테판은 얼마 전 이사를 한 집이 무지하게 마음에 드는 모양이다. 사실 썩 괜찮은 집이기도 했다. 간단히 집 구경을 하고 우린 집 앞 어귀에 있는 술집 '마돈나' 로 갔다.

슈테판, 이 친구가 나에게 어떤 친구인가. 독일생활 6년, 그 동안에 공부 포기하고 돌아가려고 짐을 싼 적이 두 번 있었다. 거기에 얽힌 사연이야 다 풀면 책 한 권이고, 아무튼 그때마다 구세주처럼 날 극적으로 도와준 친구가 슈테판이었다. 물론 그런 친구가 되기까지 내가 바친 정성 역시 눈물겨운 면이 없지 않지만, 막상 어느 선을 넘고 나자 그때부터 정작 지극정성을 보인 건 내가 아니라 슈테판이었다.
독일 사람은 사귀기는 힘들지만 일단 사귀고 나면 평생을 간단 말은 허풍이 아니었다. 그렇게 우린 지금까지 단 한 번의 마찰도 없이 5년을 한 결 같이 지냈다. 매사에 철저하고 엄격한 슈테판은 한 치의 실수도 용납하지 않는다. 이를테면, 다른 사람들 같으면 그냥 듣고 지나칠 사소한 독일어 문법 하나까지 날카롭게 지적하고 교정을 해준다. 외국생활을 하다보면 이런 친구가 얼마나 소중하고 영양가 있는 친구인지 뼈저리게 실감하게 된다.

독일 와서 내가 가장 편하게 느꼈던 것 가운데 하나는 철저한 더치페이 문화였다. 학교매점에서 커피 한 잔을 마셔도 각자 따로 계산을 하는데 어찌나 편하던지. 주머니에 빳빳한 배춧잎 서너 장 없으면 후배나 여자는 아예 만날 용기도 못 내고 주말마다 TV 끌어안고 엄마의 잔소리를 듣던 시절이 눈앞에 선하게

BIER
WEIN 4,-
SEKT 5,-
COLA 5,-
TONIC 3,-
BITTER 2,-
WASSER 2,-
SÄFTE 2,-
2,-
APFEL
KIRSCH
ORANGE

떠올랐다. 그런데 그렇게 편리한 더치페이 문화권에 들어와서 살다보니 누군가와 친해질수록 더치페이처럼 껄끄러운 게 또 없었다. 서로 지갑을 꺼내 각자 계산할 때의 그 머쓱함이라니.
난 결국 슈테판을 길들이기 시작했다. 하긴 특별히 길들인 것도 아니고, 그냥 주머니 넉넉하고 기분좋은날, "오늘은 내가 살게" 하고 한턱을 쐈더니 다음번에는 자기가 사마 했다. 언젠가 한번은 이 기분도 참 괜찮다고, 스스로 고백한 적도 있다.
"당연하지 인마, 술맛이 다르지 않냐?"

아무튼 다시 카페 '마돈나'. 오랜만에 만난 우리는 해도 해도 끝이 안 나는 얘기를 서로 풀어놓느라 토론 반, 수다 반으로 자정을 훌쩍 넘겨버렸다. 하지만 언제나처럼 우린 도를 넘는 법이 없었고, 혀가 꼬부라질 기미도 보이기 전에 슬슬 엉덩이를 들썩거리다 자리에서 일어섰다. 오랜만에 만나서 기분 좋은 날, '그래 오늘은 내가 쏜다!' 하는 생각을 하며 난 주섬주섬 가방을 챙기고 있었다. 그런데 바텐더에게 먼저 다가간 슈테판에게 바텐더는 언제나 그렇듯 "따로 계산할까요? 같이 할까요?" 라고 물었고, 5개월 만에 다시 만난 슈테판은 내가 말할 틈도 주지 않고 바로 대답을 해버렸다. "따로요"
그렇게 우린 안주도 없이 마신 생맥주 세 잔 값을 각자 내고서 '마돈나' 를 떠났다.
서울과 베를린은 여전히 7시간의 시차만큼 그렇게 멀리 떨어져 있었다.

폐인모드, 베를린

3주일이 넘도록 문밖을 못나가고 있다. 번역마감일을 두 번이나 못 지킨 죄로 초읽기를 하는 중이다. 아직도 끝내지 못한 90페이지 분량의 원고와, 한국의 출판사에 마지막으로 애원해서 얻어낸 일주일이 남아있다. 그 와중에도 물론 폐인으로서 지켜야 할 기본덕목은 지키며 살고 있다. 혼자서 찔끔찔끔 술 마시기, 인터넷 서핑하다 가끔 메신저 접속하기. 그러다 다시 혼자서 밥 먹고, 혼자서 TV 보고, 전화 받고, 그리고 다시 번역하기.

전화 # 1

새벽 세 시에 울리는 전화벨소리. 시차계산을 잘못한 서울의 라디오 방송국 작가가 분명했다. 해외통신원으로 일을 시작한 이후로 종종 있는 일이다. '저 이번 주에는 방송 못해요. 바빠요.' 멘트까지 준비하고 수화기를 들었다.
뜻밖에도 베를린 시내에서 걸려온 전화였다. 앳된 목소리의 아가씨가 아저씨를 찾는다.

BERI

11.03
DER
WELT

"아저씨, 죄송해요. 주무세요?"
어라? 이 녀석, 이 시간에 무례하게 전화를 걸 놈이 아니다. 독일 온 지 1년이 다 되어가는 녀석은 지금까지 단 한 번도 내게 무슨 부탁을 하거나 심지어 밥 한 끼 사달라고 졸라본 적이 없었다.
"아직 안자는데, 이 시간에 웬일이니?"
"저 내일, 아니 그러니까 오늘 여행을 가려고 하는데요, 뭣 좀 물어보려고요"

녀석은 북쪽으로 가고 싶다고 했다. 가서 일주일쯤 그림을 그리다 오고 싶은데 어디로 가야할지, 어떻게 하면 싼 숙소를 구할 수 있는지 모르겠다고 했다.
지난여름에 잠시 다녀온 도시가 생각났다. 녀석에게 그 도시로 잠입하는 방법을 알려주었던가, 아니면 베를린을 빠져나가는 길을 가르쳐주었던가. 차비도 안 비싸고 지금쯤 가면 피서객도 없고, 숨 돌리기에 딱이지 싶었다.
"근데요, 아저씨. 하나만 더 물어볼게요. 제가 지금 이렇게 여행을 가면, 그거 사치스러운 건가요?"
푸드득, 푸드득, 허물을 벗고 날개를 끄집어내는 소리가 들렸다. 그랬다. 이 어여쁘고 위태로운 나비는 날개를 잡아 뽑다 말고 마지막으로 한 번 더 고민하고 있었다. 하지만 난 유학 와서 부모님에게 받는 돈을 허물 벗는데 쓰지 않고 오히려 껍데기나 치장하는데 쓰는 아이들도 많이 안다. 아직 농담 한번 마음 놓고 못해본 어려운 아저씨에게 새벽 세 시에 전화를 걸어서 두 시간 이후의 여행계획을 통고하는 녀석이 원하는 건 내 의견이 아니라 '동의' 였고, '응원' 이었다.

난 녀석이 원하는 대로 날개가 다치지 않게, 애벌레를 겨냥해서 정확하게 확인

사살을 해줬다.

"무슨 소리! 다녀와서 더 절약하고 살면 돼. 짐 싸들고 얼른 나가! 그리고 다녀오면 보고하는 거 잊지 말고. 알았지?"

9개월 동안 열심히 준비해온 녀석은 일주일 뒤에 미대 입학시험을 남겨두고 있었다.

동치미에 밥 말아먹기

며칠 전에는 오랜만에 일찍 자보겠다고 새벽 한 시에 누웠다가 30분도 안돼서 벌떡 일어났다. 갑자기 아버지 생각이 났다. 그리곤 생선찌게를 끓일 때 넣고 남은 무 반 토막으로 동치미를 담그기 시작했다.

평안도 사람들은 성질이 급해서 한 겨울에 장독안의 얼음장을 깨고 동치미를 퍼다 뜨거운 밥에 훌훌 말아서 마시듯 밥을 먹는다. 내 아버지는 평안도 사람이다. 아버지 밥그릇이 동치미 사발 속으로 엎어지고, 사발 안에 동동 떠있던 얼음이 녹는 모습이 눈에 선했다. 조그만 머리통이 밥상을 내려다볼 수 있을 만큼 미처 솟아오르지도 못한 난 꼬마였던 모양이다. 궁둥이를 치켜들고 아버지가 밥 먹는 모습을 훔쳐보던 내 모습이 70년대 안방극장의 한 장면처럼 생생하게 눈앞에 떠올랐다.

전화 # 2

사비나의 전화. 캘리포니아에서 뉴욕으로 거처를 옮긴지 몇 달 만에 그녀의 목소리가 훨씬 밝아져있었다. 그녀는 다음번 선거에서 부시를 떨어뜨리고 민주당 후보를 당선시키기 위해 벌써부터 선거운동본부에서 일한다고 했다. 그녀의

남편은 부시의 명령으로 아프가니스탄에 파병을 가고 없었다.

그녀는 어느새 5년이 넘어버린 자신의 결혼생활에 대한 결손보고를 30분 만에 전화로 끝냈다. 하지만 그녀의 얘기를 들으면 들을수록 도대체 나에게 결혼을 하란 얘긴지 아니면 해서는 안 된단 얘긴지 알 수가 없었다.

"그러니까 내 말은, 일단 결혼은 해보란 말야. 난 결혼 한 번도 안 해본 남자보다 이혼한 남자가 더 섹시하더라."

섹시한건 모르겠지만 암튼 적어도 오밤중에 동치미를 담그는 노총각보다 코트 깃을 세우며 중형차에서 내리는 유부남이나 이혼남이 더 쿨해 보이는 건 분명하다.

"베를린 장벽은 '무너진 게' 아니라 '열린' 겁니다."
밤 열두시에 라면을 끓이려고 물을 올려놓고 TV를 켜자 흥분한 여자의 마지막 자존심이 실린 날카로운 목소리가 귀에 꽂혔다. 토크쇼에 출연한 네 명의 패널 가운데 두 사람이 눈에 익었다. 날카로운 목소리는 동독출신의 여류저널리스트였고, 한 사람은 몇 달 전 코카인을 복용하다 적발되어서 한동안 온 독일을 시끄럽게 했던 유명방송인이었다. 법조인이기도 한 코카인씨는 게다가 전국유태인중앙협회 부회장을 맡고 있던 시절에도 종종 보수우파가 아닌가 의심스럽게 만드는 발언을 해대던 사람이다. 스캔들 이후 반년도 채 안되어서 방송활동을 재개한 코카인씨는 독일통일 13년 만에 통일이후의 독일을 결산하는 심야프로그램에 출연해서 동독출신 저널리스트의 한 맺힌 이야기에 계속 재를 뿌리고 있었다.

영화 〈굿바이 레닌〉의 성공 이후 독일에서는 한 해 동안 "동독"이라는 한물간 아이콘이 다시 테마상품으로 등장했고, 이런 토크쇼 뿐 아니라 구동독을 테마로 한 패션에서 파티에 이르기까지 그야말로 동독열풍이 일었다. 그 와중에 코카인씨는 동독보다 훨씬 오래전에 죽은 히틀러를 전략상품으로 여전히 틈새시장 공략에 나서고 있었다. 순간 코카인씨가 부유한 상인처럼 보였고 유태인을 한명도 죽여본 적이 없는 동독 출신의 저널리스트는 약자처럼 느껴졌다. 약자와 강자, 피해자와 피의자…, 머리가 또 어지러워졌다.
정말이지 지구는 살면 살수록 낯설게 느껴지는 커다란 공 같다.

메신저

"지중해에 떨어진 꿈" 님의 말: 혹시 케이팩스라는 영화 보셨어요?

"털 없는 원숭이" 님의 말: 아뇨, 아직.

"지중해에 떨어진 꿈" 님의 말: 거기서 케빈 스페이시가 "지구는 태양빛이 너무 강해요" 그러거든요. 저, 사실은 외계인이에요.

"털 없는 원숭이" 님의 말: ...

["지중해에 떨어진 꿈" 님은 자리 비움 상태이므로 응답하지 않을 수도 있습니다.]

자유로운 여자를 만나다

녀석이 여행에서 돌아왔다

"아저씨, 물어볼게 하나 있는데요, 어떻게 하면 자유로울 수 있어요?"

열흘 전 새벽 세시에 전화를 걸어서 두 시간 후의 여행계획을 통고했던 녀석, 그길로 여행을 다녀온 녀석의 얼굴이 한층 밝아져 있었다. 이제는 혼자서도 얼마든지 여행을 다닐 수 있을 것 같다고, 막상 떠나보니 별 것 아니더라고 말하는 녀석의 키가 한 뼘은 더 자란 것 같아 보였다.

열심히 내 책장을 훑어 내리다가 한국 소설책 두 권을 뽑아든 녀석이 고개를 돌리고 날 똑바로 쳐다보면서 당돌하게 던진 질문이었다. '어떻게 하면 자유로울 수 있는가….'

녀석이 보기엔 내가 꽤 자유로워 보였던 모양이지만 난 결코 그런 질문에 대답해줄 수 있을 만큼 자유로운 사람이 아니다. 어떻게 하면 자유로울 수 있냐고?

DUDEN
KOMPASS

그건 나 역시 늘 꿈꾸지만 견적이 너무 많이 나와서 기획조차 해본 적이 없는 무모한 프로젝트와도 같다.
"책 다 골랐으면 나가자. 아저씨가 오늘 꼭 가볼 데가 있거든."
녀석의 눈길을 티 나지 않게 피하면서 난 얼른 코트를 챙겨 입었다.

자동응답기를 들여다보며 정신없이 웃다
"할로 동, 나는 다니엘라야. 그러니까 우리 집 전화번호는 말이지. 3-2-6-0… 어라? 이건 너희 집 전화번호잖아. 으하하하!"
집에 돌아와 보니 자동응답기에 웃음소리가 무려 1분 가까이 녹음되어 있다. 결국 웃다 제풀에 지쳐서 몇 번을 포기한 끝에 다니엘라는 간신히 자기 집 전화번호를 남겨 놓았다.
휴대폰 같은 건 가져본 적도 없고 필요성도 못 느끼는 그녀에게 이틀 전부터 드디어 집 전화가 생겼다. 다니엘라가 남긴 메시지를 들으면서 덕분에 한참을 정신없이 웃었다. 집에 들어왔을 때 자동응답기에 이런 메시지가 남아있는 날은 아무리 스트레스가 많은 날이었다 해도 남은 하루가 즐겁고 유쾌해진다. 다니엘라는 정말 못 말리게 웃기고, 늘 부산하고, 그리고 좀 황당한 여자다.

다니엘라를 알게 된 건 불과 2주일 전, 젊은 작가 초대전으로 베를린에서 등단하게 된 화가 친구를 축하해주러 간 전시회에서였다. 친구와 함께 초대작가로 참여한 그녀는 30년은 족히 넘었을 게 분명한 수동식 카메라와, 그보다 10년은 더 낡아 보이는 가죽가방을 메고 있었다.

하지만 정작 내가 그녀에게 관심을 보이기 시작한 건 그녀가 발도르프 학교

출신이란 얘기를 하던 대목부터였다. 남들 입시 공부할 때 자기는 발도르프 대안학교에서 고교시절을 보냈다고, 무심코 그 얘기를 꺼내지만 않았어도 난 그녀를 전시회에서 만난 여느 젊은 예술가들 중 한 명 정도로 기억하고 말았을지 모른다. 해외통신원으로 일하면서 최근에 우연히 발도르프 학교에 대해 리서치를 한 적 있는 나는 이 학교에 대해 무한한 애정과 존경심을 가지고 있던 참이었다.

그녀에 대한 궁금증이 일기 시작했다.

발도르프 학교

발도르프 학교는 1919년에 설립된 대안학교이다. 독일 슈투트가르트 지역의 발도르프 담배공장에서 일하는 노동자들의 자녀들을 위해 설립되었는데, 이후 각지로 퍼져나가서 현재는 전 세계에 8백여 개가 넘는 분교가 있다고 한다. 오전에는 주요 교과목을 가르치지만 나머지 시간의 대부분은 예술교육을 통해 학생들의 상상력을 키워주는데 교육의 초점을 맞추고 있다는 발도르프 학교. 최근에 내가 알아낸 발도르프 학교에 대한 정보는 대략 이런 내용들이었다. 어차피 우리나라처럼 입시지옥도 없는 독일에서 대안학교까지 다녔다면 다니엘라는 과연 어떤 아이일까?

전시회 개막식을 마치고 난 뒤 바로 그 날 오후에 난 다니엘라의 아틀리에를 구경하기 위해 그녀를 따라나섰다.

작업실을 구경하고 오던 길

다니엘라의 작업실은 타헬레스와 유사하게 여럿이 모여서 공동작업을 하는 예술가들의 집단 거주촌에 있었다. 버려진 낡은 공장건물의 한 층을 여덟 명의 예술가가 함께 사용하고 있었는데, 지금까지 본 다른 공동 작업실들보다는 꽤 외진 곳에 자리 잡고 있었다.

작업장을 구경하고 돌아오던 길, 문득 다니엘라의 집을 한번 찾아가 보고 싶단

생각이 들었다. 이미 수도 없이 보아온 예술가들의 작업장보다 다니엘라가 사는 집을 보면 왠지 베를린 안에서도 굳이 동베를린 쪽에 모여 사는 예술가들에게서 아직까지 내가 보지 못했던 모습을 볼 수 있을 것만 같았다.

그로부터 일주일 뒤, 난 결국 다니엘라가 배꼽을 잡고 웃어가며 자동응답기에 간신히 남겨준 번호로 전화를 걸었다.

"할로, 다니엘라, 나는 동이야. 난 너의 집을 구경하고 싶어."

30분쯤 뒤에 난 이미 카메라 가방을 짊어지고 집을 나서고 있었다.

다니엘라의 집을 찾아가다

내 예상은 역시나 틀리지 않았다. 다니엘라의 집은 동베를린 가운데에서도 예술가들이 너무 많이 모여 살아서 구청에 예술가 실업자를 위한 상담창구가 따로 마련되어있다는 프렌츨라우어베르크(Prenzlauer Berg)에 있었다.

프렌츨라우어베르크, 일개 구역이름에 불과하지만 이 지명은 베를린의 얼터너티브 문화를 이해하는데 필수적인 코드 역할을 한다. 동서독 분단 시절에 동베를린의 반체제 문화예술계 인사들이 모여 살았고, 통일 이후에는 50여 년간 미군 점령하의 철저한 자본주의 문화에 찌든 서베를린 문화에 반감을 느낀 문화예술인들이 몰려들어서 서독으로 이주한 동독사람들이 버리고 떠난 집에

무단으로 들어앉아 독특한 전통을 만들어낸 구역이다. 이제 그 전통은 서서히 사라져가고 있지만, 아직도 서베를린과 동베를린의 문화적 간극은 상처를 꿰맨 자리에 남은 실밥처럼 뚜렷하게 그 흔적을 남긴 채 동서 베를린에 각기 다른 색깔의 문화를 형성해주고 있었다.

다니엘라는 심하게 낡고 벽칠도 되어 있지 않은 집에서 석탄을 때는 벽난로를 사용하며 지내고 있었다. 프렌츨라우어베르크 주거문화의 특징 가운데 하나가 바로 오펜하이충(Ofenheizung)이라고 부르는 난방기구인데, 동베를린에는 방안에 벽돌로 난로를 만들어서 석탄을 때는 옛날 난방 방식이 그대로 남아 있는 집들이 꽤 많다. 대신에 이런 집들은 넓은 공간에 비해 집세는 터무니없이 낮았다. 물론 한 겨울에 석탄을 짊어지고 엘리베이터도 없는 계단을 몇 층씩 오르는 일은 건장한 남자들에게도 벅찬 일이었지만, 오펜하이충이 있는 집에서 불편을 기꺼이 감수하며 사는 것도 동베를린 문화를 구성하고 있는 일종의 트렌드 가운데 하나였다.

오펜하이충

다니엘라에게 청혼을 받다

“헤이 동, 너 나랑 결혼하자. 난 있지, 예전부터 ‘Lee’라는 성이 너무나 맘에 들었어. 그래서 언제고 내 이름에 ‘Lee’라는 성을 꼭 붙이고 싶었거든. 다니엘라

톰슨 리, 근사하지 않아? 그러니깐 나랑 결혼하자, 어때?"
며칠 뒤에 있을 시 낭송과 예술의 밤 강연회 원고를 준비하던 그녀가, 일을 마칠 때까지 집안 구석구석을 돌아다니면서 사진을 찍고 있던 내게 불쑥 청혼을 했다.
"푸하하하!!!"
내 상상력의 한계를 벗어나는 이 여자, 다니엘라는 아무래도 내가 생각했던 것보다 다섯 배는 더 엉뚱하고 열 배 더 자유로운 여자 같다.

내 상상력의 한계는 나의 한계일까? 내가 받은 교육의 한계일까?
혈통으로 보자면 다니엘라는 덴마크 내 소수 독일민족에 속하지만, 그녀는 자신을 독일사람이라고도, 덴마크 사람이라고도 말하지 않는다. 이력도 마찬가지다. 대학에서는 회화와 조소를 전공하고 졸업 후에는 현대무용을 2년 간 배운 뒤, 뮤지컬 극단에서 무대기술자로도 일한 적이 있으며, 다시 2년 동안 무대미술가, 의상담당, 조연출을 거쳐 3년 전부터 베를린에 프리랜서로 정착한 그녀의 이력은 '화려하다' 라기보다 '자유롭다' 는 말이 훨씬 더 어울린다.

그녀가 최근에 몰두하고 있는 일 역시 내 상상력의 한계를 뛰어넘는 일이다. 그녀는 요즘 젊은 날의 릴케가 머물렀던 화가 촌으로 유명한 보르프스베데(Worpswede)라는 마을에서 개최되는 강연회에 연사로 참여하고 있다. '예술과 시를 주제로 한 강연회에서 나이 스물일곱의 그녀가 시와 그림과 철학을 주제로 강의를 한다?' 하지만 개구쟁이 다니엘라에게 그런 일은 있을 수 없단 생각 따윈 해볼 틈도 없다. 물감이 묻은 손으로 머리칼을 쓸어 올리며 강연회 이야기에 열을 올리는 그녀는 조금 전에 'Lee' 라는 성을 갖고 싶단 이유만으로 내게 청혼했던 엉뚱한 다니엘라가 더 이상 아니다. 그녀는 어느새 한없이 진지한 철학자의 모습을 하고 있었다.

영혼은 한없이 자유로워 보이지만 그녀의 작품을 들여다보면 대부분 자로 잰 듯 정확한 길이의 선들이 수평과 수직으로 배열되어있다. 일상생활도 마찬가지다. 엄격하게 규칙을 정해놓고 생활하는 다니엘라는 자기관리에 철저하다. 아니, '철저' 보다는 '처절' 이란 단어가 더 어울릴 지도 모른다. 그건 그녀가 자라온 환경에 의해 후천적으로 습득한 생존방식이기 때문이다. 그녀가 정신질환을 앓고 있는 어머니, 무능력하고 무책임한 아버지와 함께 지낸 시간은 불과 10년이 채 안 된다.

그녀는 부모가 다섯 명쯤 된다고 했다. 친부모가 자식을 부양할 능력이 없다고 판단한 시청에서는 어린 그녀가 성인이 될 때까지 그녀를 부양해줄 양부모를

네 번이나 제공해주었다. 자전거를 타고 30분을 달려야 겨우 집 한 채가 나타날 정도로 한적한 곳에서 혼자 6개월을 생활한 적도 있었다. 다니엘라가 성인이 되기 전 마지막으로 인연을 맺었던 그 네 번째 양아버지는 커다란 창고 같은 집에 다니엘라만 남겨둔 채 일주일에 한 번도 찾아오지 않았다고 한다. 혼자서 밥을 먹고 혼자서 일을 하고 혼자서 잠을 자는 생활을 6개월쯤 하면서 그녀가 저절로 터득한 진리가 바로 원칙을 정해놓고 스스로 지키며 살아가는 것. 만일 그렇지 않았다면 그녀는 외로움과 권태의 늪에 빠져서 지금처럼 자유로운 영혼을 가진 여자가 되기 전에 어떤 끔찍한 상황에 처했을지도 모르는 일이었다.

다니엘라의 집을 나설 때까지도 난 '어떻게 하면 너처럼 자유로울 수 있느냐?' 고 묻지 않았다. 결국 나에게 필요한 건 내가 받은 교육과, 내가 살아온 환경으로 만들어진 나 자신의 상상력이 허락할 수 있는 해답이었기 때문이다.
자유로운 영혼을 가진 여자에게 청혼을 받고 돌아오던 그 날, 베를린은 올 들어 가장 추운 날씨를 기록했지만, 털모자를 쓰지 않은 내 머리는 하나도 춥지 않았다.

이토록 뜨거운 순간

같은 남자입장에서 봐도 참 매력적인 남자들이 있다. 내가 여자였더라도 반하지 않고 못 배겼겠다 싶은 그런 남자들을 볼 때마다 묘한 질투심을 느끼면서 다시 한 번 나의 현실을 돌아보게 된다. 남자라면 누구나 그럴 것이다. 어떤 옷을 입어도 어울리는 몸을 가진 남자, 서늘한 미소만으로도 여자의 마음을 사로잡는 카리스마를 지닌 남자들을 보면서 어떻게 질투심을 느끼지 않을 수 있을까. 하지만 대개는 잠깐 질투심을 느끼는 것으로 끝나고 만다. 흉내를 낸다고 같아질 수는 없기 때문이다. 그런데, 그저 소박하고 겸손한 태도만으로도 그 어떤 남자보다 더 큰 매력을 발산할 수 있다는 걸 나에게 일깨워준 남자가 있다.

에단 호크를 본 적이 있다. 영화 〈비포 선셋〉으로 베를린 영화제에 초청을 받은 그가 줄리 델피와 함께 베를린을 찾았을 때였다. 독일 통신원 자격으로 프레스 카드를 받아서 영화제를 기웃거리던 나는 〈비포 선 라이즈〉의 후속작을

개봉 전에 최초로 볼 수 있게 되었다는 기대감을 안고 시사회장을 찾았다. 스물세 살에 비엔나에서 우연히 만나 하룻밤을 함께 보내고 헤어졌던 남녀가 9년 뒤에 파리에서 재회를 한다는 내용의 영화 〈비포 선셋〉은 극적인 사건도, 배경음악이나 조연배우도 없이 다큐멘터리처럼 둘만의 대화로 이어졌지만 두 시간 동안 지루하다고 자리를 뜨는 사람이 단 한 명도 없을 만큼 영화는 매력적이었다.
시사회가 끝나고 곧바로 기자회견이 이어졌다. 엔딩 크레디트가 올라갈 때까지도 자리를 뜨지 못하던 기자들이 배우들보다 더 늦게 기자회견장에 속속 도착했고 어수선한 가운데 여기저기서 질문공세가 쏟아지기 시작했다. 하지만 에단 호크와 줄리 델피의 모습을 본 나는 이내 고개를 갸우뚱했다. 실제로 눈앞에서 처음 본 두 사람의 외모가 너무나 뜻밖이었던 것이다. 명색이 세계적인 영화제의 기자회견장인데도 두 사람은 화장기 하나 없는 얼굴로 주름살을 드러낸 채 「비포 선 라이즈」 이후 9년이란 세월의 흔적을 고스란히 보여주었다.

줄리 델피가 영화 속 주인공인 환경운동가만큼이나 조리 있게 기자들의 질문에 대답하는 동안, 에단 호크는 흐뭇하고 어눌한 미소를 띤 채 머리만 긁적이며 말을 아꼈다. 그런데 그 모습이 그렇게 좋아 보일 수 없었다. 젊어 보이려고, 좀 더 멋있게 보이려고 꾸미지 않고 있는 그대로의 모습을 드러낸 세계적인 스타배우의 소박한 모습 속에서 그 어떤 매력과도 비교될 수 없는 진짜 매력을 슬쩍 엿보았던 것이다.

얼마 전 에단 호크를 다시 만났다. 그의 소설 「이토록 뜨거운 순간」을 통해서였다. 그가 소설가이자 극작가이기도 하다는 사실은 예전부터 알고 있었지만 실제로 그의 소설을 읽어본 건 처음이었다. 자전적인 이야기를 다루고 있다고 작가 스스로 고백한 그의 처녀작을 읽으면서 난 영화제에서 보았던 그의 모습을 다시 떠올렸다. 수수한 옷차림에 기른 듯 만 듯 어중간해 보이는 턱수염을 하고서 흐뭇하게 미소 짓던 그 남자가, 소설 속에서는 아직 여자 친구와 섹스를 하고 싶어서 안달이 난 스무 살의 청년으로 묘사되어있었다.

배경은 뉴욕, 아직은 단역배우에 불과하지만 유명 영화배우가 되고 싶어 하는 자부심 강한 텍사스 보이 윌리엄과 가수 지망생인 사라가 '비터 엔드' 라는 술집에서 처음 만난다. 윌리엄은 열여섯 살 때 이미 첫 사랑인 사만다와 섹스를 경험했고 번식욕이 왕성한 윌리엄과 거의 완벽한 몸매를 가진 사만다는 두 번이나 아이를 지울 만큼 열정적으로 사랑했다.
하지만 사라와의 사랑은 달랐다. 사라는 무슨 일을 하든지 심사숙고하는 타입

이다. 게다가 3년 동안 함께 살던 남자친구가 옆방에서 다른 여자와 누워있는 걸 목격했던 사라는 악몽 같은 기억 때문에 윌리엄에게 몸도 마음도 좀체 열어 주지 않는다.
사만다처럼 애무도 해주지 않는다.

"내가 얼마나 쪼다같이 느껴지는지 알아?"
"무슨 소리야?"
"음, 하루 24시간동안 온통 섹스만 생각하고 있으면 지능이 현저히 손상 된다고!"
"우린 처음 만났던 그날 밤에 잤어야 했어." 사라가 말했다.
"우리가 키스했던 첫날 밤, 너랑 자고 싶었어. 넌 나한테 생각할 시간을 너무 많이 준 거야."

스무 살의 사랑은 아프기 위해서, 헤어지기 위해서 존재한다는 걸 증명이라도 하듯 결국 윌리엄은 사라에게 버림받는다. 실연의 상처에 빠져서 허우적대던 윌리엄은 3주 동안 전화기를 세대나 부숴버리고 사라와 함께 누웠던 침대를 창밖으로 던져버린다. 자기 몸을 학대하고 고통 속에 몸부림치던 윌리엄은 첫사랑 사만다를 다시 만난다. 하지만 예전처럼 사랑을 할 수가 없다. 대신에 윌리엄은 사만다에게서 열여섯 살 때는 몰랐던 첫사랑의 진실, 그리고 여자의 진심을 배운다.

"난 자아를 지키고 싶고 나만의 인생을 찾고 싶어. 대학에 와서 이런 저런 걸 다 경험했어. 하지만 너를 다시 만나니까 또 너를 돌봐주고 싶어졌지. 가정에 머물면서 너를 위해 걸레질을 하고 싶더란 말이야. 알겠어? 그런 멍청한 짓을 하고 싶다니. 그러니까 네가 정말 아이를 원했다면 난 그랬을 테지. 내 말은, 기꺼이 낳아서 길렀을 거라고."

누구나 한번은 통과의례처럼 거치고 지나갔을 스무 살의 방황과 사랑을 한마디로 표현하기에 〈이토록 뜨거운 순간〉이라는 이 소설의 제목처럼 적절한 표현이 또 있을까. 이토록 뜨겁지만 그럼에도 불구하고 결국 순간처럼 스쳐 지나고 마는 게 스무 살의 사랑이니까.

그가 소설을 쓴단 얘기를 들었을 때만 해도 성공한 영화배우의 색다른 행각 정도로 반신반의하던 독자들은 막상 그의 소설을 읽고 나서 열광적인 반응을 보였다고 한다. 스무 살의 혼란과 방황, 어설픈 사랑과 주체할 수 없는 성적 욕망을 거칠고 투박한 문체에 담아낸 소설의 솔직한 매력이 영화배우 에단 호크의 유명세를 넘어서 소설 자체로 인정받았던 것이다.

한 편의 소설을 읽으면서 작가와 소설 속 주인공을 동일시하는 것처럼 위험한 발상도 없다. 만일 그렇다면 이 세상의 어떤 작가도 주인공을 악인으로 묘사하지 않을 것이고 상상력은 그만큼 제약을 받을 것이다. 소설은 소설일 뿐이다. 소설가의 상상력이 커질수록 독자들이 누릴 수 있는 혜택도 그만큼 커진다. 실제로 내가 만나본 대부분의 소설가들은 글을 읽으면서 상상했던 모습과 터무니없이 달라서 나를 당혹스럽게 만들었다. 그럼에도 불구하고 적어도 처녀작 속에는 소설가의 실제 모습이 투영되어있다는, 일방적이고 자의적인 기준을 난 가지고 있다. 더구나 그 처녀작이 자전적 성격을 띤 소설이라면 난 작가와

주인공을 아예 등치시켜버린다. 그래서 난 〈이토록 뜨거운 순간〉을 읽으면서 내 맘대로 윌리엄의 자리에 에단 호크를 들어앉혔다.

영화 속에서는 매번 다른 사람의 인생을 살아야 하는 게 배우의 운명이지만, 그래서 매번 전혀 다른 모습의 에단 호크를 만나게 되겠지만 난 앞으로 색안경을 쓰고 그를 바라보게 될 것 같다. 설령 그가 아무리 나쁜 악역배우로 출연한다 해도 그를 편애하게 될 것 같다. 스스로 자전적인 요소가 많이 담겨있다고 고백한 그의 소설을 통해서 이토록 뜨겁고, 어설프고, 그리고 여느 젊은이와 똑같이 사랑에 아파하면서 스무 살을 살아낸 그의 모습을 보았기 때문이다. 그리고 10여년의 세월이 흐른 뒤에 편안한 미소를 지닌 겸손하고 소박한 남자로

변한 그의 모습을 보면서 그 어떤 근육질의 완벽한 몸매를 가진 남자나 완소남이 지닌 매력보다 더 큰 남자의 매력이 무엇인지를 배웠기 때문이다.

소설 〈이토록 뜨거운 순간〉은 사실 여느 성장소설이나 연애소설과 크게 다르지 않다. 다르지 않기 때문에 더욱 공감이 가는 소설, 이제는 매력적인 남자로 완성된 어느 배우이자 작가의 젊은 날을 엿볼 수 있는 그런 소설이다.

그녀가 본 건 천사였을까, 귀신이었을까?

"나, 이사하기로 마음을 굳혔어요."

마음을 정한 그녀의 표정이 한결 안정되어 보였다. 햇살이 잘 들어오는 집이었다. 마주 보고 있는 양 쪽 벽에 창문이 나 있어서 통풍도 잘 되는 집이었다. 방 한가운데 나선형 계단이 있고, 계단을 타고 올라가면 1.5층 높이에 따로 침대를 놓을 수 있는 작은 공간이 있는 복층구조의 집이었다. 지붕 바로 아래 꼭대기 층이라 창밖으로 내려다보이는 경치도 일품이었다. 혼자 살기에 더 이상 바랄게 없는 완벽한 집이었지만 결국 그녀는 1년을 못 넘기고 이사를 결심했다. 내심 안타까운 마음도 들었지만, 나 역시 벌써 몇 달 전부터 그녀에게 강력하게 이사를 권유한 사람 가운데 하나였다.

아무리 집이 맘에 들어도 소용없었다. 방안에서는 잠을 잘 수가 없기 때문에 현관 앞에 이불을 깔고 누워서 구두 수납장을 마주보고 새우잠을 자야 한다면,

그녀에게 그건 더 이상 "집"이 아니었다.
방안에서 자면 그녀는 자꾸 귀신이 보인다고 했다. 귀신은 단속적으로 찾아왔다. 일주일에 한 번 찾아올 때도 있었고, 한 달 주기로 찾아온 적도 있었다. 그런 날은 결국 밤을 꼬박 새우는 수밖에 없었다. 차라리 귀신이 눈앞에 모습을 드러내면 대화라도 하겠지만, 귀신은 늘 그녀의 주위를 맴돌기만 할 뿐 다가오지는 않는다고 했다. 그럴 때마다 공포가 엄습했고, 눈을 붙이기가 두려워서 밤을 새는 날이 많아지면서 그녀의 모습은 눈에 띄게 수척해져갔다. 그때부터 그녀는 침대를 포기하고 현관 앞에 쪼그리고 누워서 잠을 잤다.

그녀의 이야기를 내가 귀 기울여 들을 수밖에 없었던 건, 우선 내가 그녀를 전적으로 신뢰한 탓도 있지만, 벌써 이런 이야기를 여러 차례 다른 사람으로부터 들어온 탓도 있었다. 게다가 신기한 건, 매번 내게 그런 이야기를 들려준 사람들이 독일인이 아니란 사실이었다. 그들은 외국생활을 하면서 좀처럼 만나기 힘든, 한 결 같이 너무나도 맑은 영혼을 지닌 한국 사람들이었다. 베를린에는 이렇게 이승과 저승의 중간을 떠도는 영혼들이 유난히 많다는 것도 그때 알았다. 물론 장담할 수는 없는 얘기지만 말이다.

제 2차 세계대전과 유태인 학살, 베를린이 한때 전 인류를 공포로 몰아넣은 전쟁과 광기의 심장부였다는 건 누구나 아는 사실이지만, 그건 비단 독일 베를린에만 해당되는 문제가 아니다. 이 세상에 그런 도시들은 베를린 말고도 많이 있다. 그런데 정작 중요한 건, 이 잠들지 못하는 영혼들이 독일 사람이 아닌 한국 사람에게 포착된다는 거였다. 이 도시의 주인인 베를린 사람들의 눈에는 안 보이는데 애꿎은 코리언의 눈에 그게 보인다는 게 아이러니였다.

독일 사람들은 죽은 자에 대한 배려를 우리와는 다른 식으로 한다. 그걸 내가 만난 어떤 독일인은 '독일 사람들이 죽은 자를 냉정하게 취급한다.' 고 표현했다. 물론 과거에 대해 반성하고 사죄를 하는데 관한 한 그래도 독일인은 깨인 민족이다. 여전히 신사참배를 하며 '우린 잘못한 거 없다' 고 박박 우기는 일본의 어른들하고는 근본적으로 다른 부분이 있다. 다만, 막강한 경제력에 치명적인 손상을 입으면서까지 전후 피해보상을 하고 동독을 흡수해서 통일을 이룰 정도로 원리원칙에 밝은 독일 사람들은 '귀신' 의 '영혼' 을 치유해주기에는 너무나 '이성적인' 민족이었다.

1999년 6월25일, 본에서 베를린으로의 연방의회 이전(수도 이전)을 일주일 앞두고 있던 독일은 본에서 마지막으로 개최된 의회에서, 11년 동안 논란이 되어오던 '유태인 학살에 대한 위령탑 건립안'을 통과시켰다. 이사도 하기 전에 새집에 부담스러운 짐을 먼저 들여놓고 문지방을 넘고 싶은 집주인이 세상 어디에 있을까마는, 그래도 독일의 어른들은 논란 끝에 이 법안을 통과시켰다. 더구나 이 위령탑의 부지는 연방의회 건물에서 눈에 보일 정도로 가까운 거리에 있었다. 부지만 해도 2만 평방미터! 연방의회를 드나드는 국회의원들은 물론이고 베를린을 찾는 관광객이라면 누구나 눈감고도 찾을 수 있는 위치였다. 히틀러 정권에 의해 학살된 유태인의 수는 6백만이라고 한다. 6백만의 영혼을 달래줄 수 있는 위령탑이 세워지고 나면 베를린을 떠돌던 영혼들은 과연 모두 사라질 수 있을까….

문제는 기념관, 기념비가 아니라 '마음' 같다. 조상을 생각하는 마음, 망자에 대해 예의를 갖출 줄 아는 마음 말이다. 유럽 사람들은 아시아 사람들이 늘 번

잡하게 너무 서두른다고 고개를 설레설레 흔들지만, 바쁘게 사는 와중에도 아시아 사람들은 조상에 대한 예의만큼은 지키고 산다. 망자를 달래줄 줄 아는 민족들이다. 난 문득 지금 독일 사람들에게 필요한 건, 위령탑이 아니라 그들을 기릴 줄 아는 마음을 키우는 것일지도 모른다는 생각이 들었다. 어쨌거나 막대한 돈이 소요되고, 더군다나 국가의 역사적인 치부를 대놓고 드러내는 이런 위령탑이 세워지고 나면 억울하게 희생된 사람들의 영혼이 조금이라도 더 치유될 건 분명한 사실이지만 말이다.

하지만 그게 다는 아니다. 설혹 위령탑이 정말로 유태인의 망령들을 달래 준다 하더라도, 시내 곳곳을 떠돌아다니던 모든 영혼들이 안락사의 특혜를 누릴 수 있는 건 결코 아니다. 유태인의 영혼들이야 어찌어찌 2만평 부지에 엉덩이라도 비비고 눌러앉는다 하더라도, 여전히 홈리스 상태를 벗어날 수 없는 망령들이 존재하기 때문이다.

유태인 학살에 대해 끊임없이 사과를 하고, 유태인의 안전문제라면 무장한 장갑차까지 내주는 독일인들의 태도에는 무언가 정치적인 계산 역시 깔려 있다는 석연치 않은 느낌을 버려본 적이 난 한 번도 없다. 유태인들은 여전히 "돈줄"을 쥐고 있고, 선거 때는 유권자들이다. 무시할 수 없는 기득권 계층이다. 하지만 선거 때마다 여전히 투표권

행사도 잘 안하고 돈도 없는 계층이 있다. 60여 년 전에도 분명 그랬을 것이다. 집시, 동성애자, 정신질환자…. 2차 대전 당시 유태인이 아닌 이들도 많이 희생됐다. 예전에도 소수였고 지금도 터부시되고 있는 이들은 죽은 후에도 결국 언제나 그랬듯이 역사의 뒤안길에서 떠돌아야 하는 아웃사이더의 운명을 벗어나지 못할 것만 같아서, 그게 안타까웠다.

빔 벤더스 감독의 영화 〈베를린 천사의 시〉는 독일 분단의 상처를 시적으로 표현해 낸 탁월한 영화다. 내가 그의 영화를 다시 떠올리게 된 건 영화 속에 나오는 한 가지 모티브 때문이었고, 그녀 때문이었다. '천사는 아이들의 눈에만 보인다.' 는 모티브! 난 문득, 어쩌면 그녀가 만났던 건 귀신이 아니라 천사 다미엘을 인간 세상으로 떠나보내고 혼자 외롭게 세상을 내려다보던 천사 카시엘이었을지도 모른다는 엉뚱한 상상을 해봤다. 그리고 그건, 그냥 문득 그런 생각이 들었거나, 아니면 그녀를 위해서 그렇게 해석하고 싶은 내 바람이었는지도 모른다. 하필이면 그녀가, 나보다 훨씬 더 맑은 영혼을 지닌 그녀가 애꿎은 남의 나라의 역사 속에 등장하는 망령 때문에 불면증 환자인 나보다 밤잠을 설치고 있는 현실이 안타까워서 해본 생각이다.

운동화를 고르는 요령

한국에 가져갈 짐을 하나둘 정리하다가 뒤축이 심하게 망가진 운동화를 트렁크에서 다시 빼어버렸다. 동대문시장에 가면 값싸고 예쁜 운동화가 지천으로 널려 있을 텐데 굳이 발 냄새에 찌든 낡은 운동화까지 짐 속에 구겨 넣고 싶지 않았다. 하지만 베를린 출발, 파리를 경유하는 인천행 에어프랑스 비행기 티켓을 받으러 가던 날도 난 발 냄새가 심하게 나는 그 운동화를 신고 갔었다.

운동화 하나 고르는 일이 얼마나 어려운 일인지를 새삼 깨닫게 된 건 한국에 온지 일주일이 지날 무렵이었다. 운동화가 지천으로 널려있는 지하상가를 열세 번쯤 지나칠 기회가 있었지만, 난 결국 운동화를 고르지 못했다. 비슷하게 마음에 드는 운동화를 찾아낸 적이 딱 두 번 있었는데, 한번은 내 발보다 한 치수가 큰 신발밖에 없었고, 한 번은 꼭 그만큼 작았다. 난 결국 한국에 온지 일주일이 지나도록 독일에서 신고 온 무겁고 시커먼 신발을 탱크처럼 "타고" 다니고 있다.

Départs
Departures
Abflüge
Salidas
Partenze
Ascer
Lift
Aufzug

한국에 잠시 와있다. 부모님이 사시는 인천 집에서 지내고 있지만 정확히 말하면 서울에 와있다고 하는 게 더 맞다. 잠만 자고 나면 용산행 급행 전철을 타고 서울에 와서 급한 볼 일을 보고 있다. 엄밀한 의미에서 7년만의 첫 나들이라고 할 만큼, 그동안 난 지독하게 베를린에만 치박혀 살았다. 그러던 어느 날, 베를린이 더 이상 눈에 들어오지 않는 기이한 일이 벌어졌다. 하는 일마다 도무지 손에 잡히질 않았다. 난 언제부턴가 베를린이 아니라, 독일이 아니라, 내 안에 갇혀서 "살아주고" 있었다. 탈출구가 필요했다. 7년 전에는 베를린이 탈출구였는데, 이제 또 다른 출구가 필요했다. 그리고 내가 찾아 나선 곳은 그토록 벗어나고 싶어 했던 도시, 무리한 탈출을 감행하고 어렵게 빠져나왔던 도시, 서울이었다.

사람에 따라서 운동화를 고르는 요령도 참 가지가지다. 튼튼한 운동화를 먼저 보는 사람이 있고, 일단 굽이 높아야 만족하는 사람도 있다. 그러고 보면 운동화를 고르는 거나 사람을 선택하는 일이나 굳이 다를 것도 없었다. 난 서울에 머무는 동안 다양한 치수의 사람들을 만나고 있고, 내 마음에 쏙 드는 운동화를 여전히 찾고 있다.

내가 찾던 운동화는 결국 찾아내지 못했다. 그건 어쩌면 내 머릿속에서만 가능한 디자인과 색상이었는지도 몰랐다. 아니, 분명 그랬을 것이다. 결국 난 매일 지나다니며 곁눈질하던 가게에 들어가서 뒤축에(아마도 가짜일 것이 분명한) 가죽이 붙어있는 연한 갈색톤의 스니커즈를 집어 들었다.
그런데 주인아저씨는 나에게 1만원이 아니라 2만 5천원을 불렀다. 내가 생각한 1만원과는 너무 동떨어진 가격이었다. 난 솔직하게 만 원짜리 운동화를

Abflug -
20-68

ure
Luftfracht Air Carg
Betriebsanlagen
Hangars/Feuerwach
BERLIN-TEGEL
OTTO LILIENTHAL
NOVOTEL

살 생각이었노라고 말했다. 홍정 같은 건 통하지 않는 독일 땅에서 7년 동안 살아온 난 잔머리를 굴려가며 가격을 깎는 법 따윈 이미 잊은 지 오래였다. 2만 5천원이면 나에겐 너무 비싼 가격이었고, 그렇다면 안사면 그만이었다.

하지만 정작 당황한 건 가게 주인이었다. 불과 15초 만에 가게주인은 나에게 2만원을 불렀다. 듣는 둥 마는 둥 내가 열심히 만 원짜리 운동화를 둘러보고 있는 사이에 주인은 다시 1만 8천원을 불렀다. 그리고 정확히 8초 뒤에는 한숨을 내쉬면서 1만 5천원을 불렀다. 더 이상은 깎아 줄 수 없노라고, 거의 애원하는 말투였다. 하지만 가게주인이 가짜 루이비통 쇼핑백에 운동화를 담아서 건네 줄 때까지도 난 아직 주인과 협상을 벌일 마음의 준비조차 되어있지 않았다. 주인은 내게 거스름돈을 주면서 정말 지독한 놈한테 걸렸다는 듯 묘한 눈빛을 덤으로 얹어주었다.

운동화를 사면서 내가 얻은 교훈은, '너.무.고.민.을.하.지.않.아.도.되.는.순.간.들.이.있.다' 는 거였다. 그리고 그건 서울에 머무는 동안 절실하게 깨달은 삶의 지혜이기도 하다. 지난 3주일동안 운동화를 고르는 일보다 더 부담스러운 일들이 많았지만 정작 문제를 해결할 수 있는 방법은 매번 의외로 간단했다. 사실은 그냥 내가 가진 카드를 다 펼쳐 보이고 상대방의 반응을 기다리기만 하면 되는 거였다. 끝까지 패를 안 보여주려고 애써보았자 찢어지는 건 내 속이고, 하나하나 터져 나가는 건 별로 질기지도 않은 나의 뇌 세포막뿐이었다. 버틴다고 이미 진 게임을 다시 이길 수도 없었고, 이미 이긴 게임을 물려줄 필요도 없었다.

삶이란 어쩌면 내가 생각했던 것보다 훨씬 단순한 걸지도 모른다는 생각이, 처음으로 들었다.

가만 생각해보면 운동화를 고르기가 그토록 어려웠던 건 이 세상에 내 맘에 드는 운동화가 없어서는 결코 아니었다. 군대를 면제받을 정도는 아니지만 유난히 볼이 넓고 못생긴 나의 평발 때문 역시 아니었다. 정작 어려웠던 이유는 내가 아직 새 운동화에 발을 집어넣을 '의지' 가 없었기 때문이고, 아직은 냄새에 찌든 낡은 운동화가 더 내 발에 '익숙' 했기 때문이며, 더운 날씨에 운동화가 없으면 얼마나 불편한지를 절실하게 '몰랐기' 때문이다.

"사람을 만날 땐 있지, 사랑을 많이 받아본 사람을 만나도록 해. 알겠니? 친구야?"

12년 만에 우연히 친구를 만났다. 그냥 헤어지기 뭣해서 차라도 한 잔 마시자고 했다. 주차를 하려고 찾아 들어간 골목길에서 우린 12년 전과 똑같이 생긴 주점을 발견했고 그때처럼 500cc 생맥주에 노가리 안주를 질겅거리며 씹었다.

2F
B1
영화방
내츄럴귀금속
BAR
비어프랜드
타운
노래방
SK

나보다 험한 인생을 살아온 친구가 헤어지기 전에 그랬다. 사람을 만날 땐 사랑을 많이 받아본 사람을 만나라고….
친구의 얘기를 들으면서 난 앞으로 다시는 운동화를 구겨 신지 않겠다고 맹세했다.

서울은 신이 편재하는 도시다. 지하철을 탈 때마다 느끼는 사실이다. 오늘도 난 신의 메신저를 만난다. 열차가 충무로역을 막 빠져나갈 무렵이었다.
"교회 나가서 일단 영혼문제부터 해결해야 합니다. 지옥 동창생 되지 마요. 여러부운!! 우리 모두 천국에서 만납시다. 제발 믿어! 제발!!!"
내 영혼문제를 해결해줄 수만 있다면, 이젠 나도 신의 존재를 인정하고 싶었다. 하지만 나 때문에 불쌍한 신이 신경쇠약에 걸리거나 뇌 세포가 터지는 일이라도 생긴다면 난 또 그게 괴로워서 잠을 못 자게 될지도 모른다. 아무래도 그냥 내가 알아서 해결하는 게 나을 거 같다.
그런데 내 영혼의 문제는 도대체 뭐지?

베를린에서 밥시에게 메일이 왔다.

하이, 동!
뭐야, 한국에 가있다고? 와우!! 좋겠다. 근데 어떻게 된 거야? 설마 베를린으로 돌아오지 않는 건 아니지? 난 지난주에 일 때문에 그리스에 다녀왔어. 그리스도 나쁘진 않았지. 하하하. 난 요즘 거의 온 가족이 베를린에 찾아와 있어서 죽을 맛이야. 베를린의 날씨는 정말 끝내주게 좋아. 참, 그리고 너한테 부탁하려던 일은 잘 해결됐어. 아무튼 걱정해줘서 고마워. 그건 그렇고, 카이가 다음 주에 출판기념파티를 할 텐데 그때까지는 돌아오는 거니? 그때 볼 수 있으면 좋을 텐데. 나 지금 터키에 관한 여행기사 하나 써야 되거든. 나중에 또 쓸게. 그럼 안녕.
베를린에서 밥시.

결혼도 안 해본 나는 요즘 두 집 살림을 하는 기분이다. 그것도 집에서만 큰 소리 치고 밖에 나가면 돈도 못 벌어오는 난봉꾼 가장 말이다. 베를린도 내 집 같고, 서울도 내 집 같다. 결국은 집이 없단 얘기다. 내 영혼의 문제가 뭔지 이제 조금은 알 수 있을 것도 같다.
열 한 시간 동안 비행기를 타고 날아와도 결국 출구는 어디에도 없다. 무엇으로부터 자유롭고 싶은지, 내 영혼의 문제가 무언지를 나 스스로 깨닫지 못하는 한 출구는 어디에서도 찾을 수가 없다. 다만 한 가지 확실한 건, 수백 켤레의 운동화가 쌓인 길을 열세 번쯤 지나치면서도 발에 무좀이 생길 때까지 까만 탱크를 신고 걸어 다니는 일은 더 이상 내 인생에 없어야 한다는 거였다.

서울에 오길 잘 한 것 같다.

짝사랑 같은 여행, 프라하

느낌이 오는 날이 있다. 파티에 초대받아갈 때, 혼자서 궁리 끝에 식단을 생각해내고 요리를 할 때 그냥 저절로 기분이 따라주는 날. 그런 날은 아무리 재미없는 파티라도 신나게 놀다 오기도 하고, 민망할 정도로 엉망이 된 요리를 '이건 예술이야!' 감탄하며 혼자 게걸스럽게 먹는다. 물론 그렇지 않은 날도 있다. 아니 훨씬 더 많다. 왠지 당기지 않는 음식, 재미없는 날. 그럴 땐 뭘 해도 재미가 없고 아무리 근사한 고급요리를 먹어도 꼭 얹히고 만다.

프라하 여행을 계획하면서부터 왠지 기분이 따라주지 않는단 느낌이 들었다. 예술과 낭만이라면 파리 부럽지 않은 도시, 오래 전부터 가보고 싶었던 도시였는데 이상하게 기차표를 예매하고 돌아오면서 기분이 나지 않았다. 불안했다. 왜 그랬을까. 결론부터 말하자면 프라하는 내게 반쯤 먹다 남긴 차가운 스파게티 접시 같은 도시였다.

PRAHA-HOLEŠOVICE

프라하 가는 길

"혹시 프란츠 카프카가 누군지 알아?"

"모르겠는데, 뭐하는 사람이야?"

기차에서 우연히 같은 칸에 타게 된 그녀는 미국에서 온 배낭족이었다. 루이지애나 변두리에서 택시운전을 한다는 그녀는 젊은이들이 주로 모이는 올드타운에서 놀다가 밤이면 유스호스텔에서 열리는 광란의 파티를 즐길 생각에 잔뜩 들떠있었다. 유럽 배낭여행을 온 미국의 택시운전사 아가씨. 아직도 소녀 같은 눈매를 봐서는 아무리 많이 잡아도 스물다섯밖에 안 되어 보인다. 그녀의 밝은 표정에 비하면 프란츠 카프카를 들먹이며 무게를 잡고 있는 내 모습은 참을 수 없을 정도로 무겁고 진지하다.

베를린에서 드레스덴까지 가는 열차는 피난열차처럼 북적댔다. 날씨는 음산한데다 복도에는 좌석예약을 안한 사람들이 가방을 깔고 주저앉아서 길을 가로막고 있었고, 게다가 이미 내가 예약을 해놓은 자리에 버티고 앉아있던 아줌마는 내가 좌석표를 보여주자 마지못해 자리를 내주면서 못마땅한 얼굴로 계속 눈치를 준다. 이 정도 상황만으로도 이미 어제 저녁부터 불안했던 내 느낌을 확인하기엔 충분하다. 그래도 드레스덴에서 절반이 넘는 사람들이 내리고 나자 비로소 숨통이 좀 트이는 것 같기도 하다.

첫인상

'프라하' 하면 사람들은 보통 까를교에서 올려다보는 아름다운 고성의 야경을 먼저 떠올린다. 내가 알고 있는 프라하는 우선 카프카가 살았던 도시였고, 줄리엣 비노쉬를 처음 알게 된 영화 〈프라하의 봄〉의 배경이 된 도시였다.

그리고 겨울날의 주말저녁, 7시가 넘어 도착해서 전화기나 TV 수상기는 고사하고 라디오 하나 없는 허름한 공동주택의 5층 방 한 칸을 터무니없이 비싼 요금에 구할 때까지 네 시간 이상 같은 길을 맴돌며 내가 처음 만난 도시 프라하는, 암흑 속의 미로였다.

표정 없이 골목길을 배회하는 사람들에게 길을 물어보면 매번 다른 방향을 가르쳐주고는 또 표정 없이 시체처럼 사라진다. 친절하지도 않고, 그렇다고 불친절하지도 않다. 얼굴에서 표정을 읽을 수 없는 사람들이 사는 도시. 그나마 몇 번 제대로 길을 가르쳐준 사람들은 예외 없이 나 같은 외국인들뿐이다.

다시, 다시

감정이 많이 꼬이긴 꼬였나보다. 결국 짐을 풀어놓고 나와 자정 무렵에 강가에서 바라본 프라하 성의 야경은 말로만 듣던 것보다 열 배 더 아름다웠다고, 지금까지의 맘고생이나 피로한 몸이 보상되고도 남을 만큼 아름다웠다고 말할 수도 있는 것을 굳이 시체 어쩌고 하며 미로 같은 골목 얘기만 늘어놓다니. 난 이렇게 늘 객관적이지 못하고 감정에 치우친다. 그리고 여전히 너무 무겁다. 좀 가벼울 수 있었으면 좋겠는데.

이틀째

하지만 분명한 건 프라하는 여전히 내게 미로라는 사실이다. 표지판도 얼마 없고 한 마디도 할 줄 모르는 체코어가 하루 사이에 익숙해질 리도 없고, 한참을 걷다보면 어느새 세자리로 돌아오는 시간이 절반이 넘는다. 여행 안내소에서 카프카의 생가를 물어보자 전혀 모른다는 시늉을 한다. 프라하가 아니라 부다페스트였던가? 점점 더 이상해지는 나.

반팔 티셔츠를 하나 샀다. 프라하라고 대문짝만하게 하얀 글씨가 박혀있는 새까만 반팔 티셔츠. 티셔츠를 파는 할머니의 얼굴 속에서 처음으로 웃는 모습을 보았다. 이틀 만에 처음 보는 웃는 얼굴이다. 장삿속이라도 좋았다. 시간이 멈춰버린 것 같은 이 이상한 미로 속에서 아직도 내가 살아있다는 걸 겨우 확인한 것 같아서 고마울 지경이다. 얼마 돌아다니지도 않았는데 벌써 날은 어두워지고 여전히 축축한 부슬비가 내린다.

오늘은 어제보다 더 멀리까지 길이 빗나간 모양이다. 사람은 점점 눈에 띄지 않고 중세의 암흑 같은 골목골목마다 인터넷 카페만 유난히 눈에 많이 띈다. 하긴 굳이 어딜 가봐야 한단 목적의식도 없었으니 길을 찾는 건 시작부터 불가능한 일이었는지도 모른다. 난 지금 여기에 왜 와있는 것일까. 영어도, 독일말도 통하지 않는 동유럽 한복판의 캄캄한 골목길을 왜 헤매고 있는 걸까. 또 인터넷 카페가 눈에 보인다. 그런데 이건 또 뭐지? 체코어보다 더 낯설게 보이는 한국어가 갑자기 눈에 들어온다.

'인터넷, 한글지원 됩니다.'

9.10.2000
TICKETS
INFORMATION
TOMORROW HERE
W.A.MOZART
REQUIEM

끝나지 않는 '심판 (Der Prozeß)'

독일유학을 처음 결심했을 때였다. 비자신청을 했는데 베를린에서 입국허가를 내주지 않았다. 이미 떠날 준비가 다 되어가던 무렵에 날아든 뜻밖의 소식이었다. 그보다 더 황당한 건 입국하려는 나라에서 입국을 거부할 경우 대사관에서는 규정상 이유를 밝힐 수 없게 되어있기 때문에 내가 왜 베를린에 갈 수 없는지 원인조차 알 수 없었다.

그때부터 곳곳에서 벌어지는 예기치 않은 상황들. 문턱이 닳도록 대사관을 찾아가봤지만 소용없었다. 알 수 없는 결정권자의 주변을 맴돌며 그렇게 지쳐가는 사이에 시간은 흘러가고 반복되는 비행기 예약취소. 거창하게 환송식까지 마련해줬던 후배들 보기 민망해서 학교를 어슬렁거리는 것조차 불편했다. 상황이 이쯤 되면 한때나마 꿈에 부풀었던 유학생활의 환상은 서서히 걷히고 도대체 '이 과정의 끝은 어디일까' 란 생각밖에 안 든다. 결국 우여곡절 끝에 몇 달이 지나서야 입국허가를 받았고 그렇게 독일에 온 지도 벌써 몇 년이 지났지만 아직까지도 난 그 당시에 왜 내가 입국을 거절당했는지 정확한 이유를 모른다.

카프카의 소설 〈심판〉의 독일어 원제목(Der Prozeß)은 '소송', 혹은 '과정' 이라는 의미이다. 〈심판〉의 주인공 요제프 K는 서른 살이 되던 생일날 아침, 영문도 모른 체 정체를 알 수 없는 기관원들에게 체포된다. 그리고 다시 풀려나서 예전과 다름없이 살아가고 그때부터 소송이 진행된다. 피고만 있을 뿐 원고가 누구인지도 모르는 재판 아닌 재판이 다. 재판에 어디에서 진행되는지도 모른 채 요제프 K는 끝내 그 주변만 맴돈다. 그리고 한참 뒤, 두 신사가 K를 찾아와서 그를 교외로 데려간다. 그리고 아무도 없는 허허벌판에서 그를 일방적으로 처형한다….

대학생 시절, 카프카 세미나가 있었던 어느 여름학기에 몇 달 동안 머리를 싸매고 고민하다 결국 두 손 들고 항복해버렸던 이 밑도 끝도 없이 황당한 소설이 어렴풋이 실감나기 시작한 건 입국비자를 받기 위해 씨름하던 그 무렵부터였다. 그리고 독일에 와서 살면서부터는 비슷한 상황을 거의 날마다 체험하며 살고 있다. 요즘은 관청과 연관된 일로 문제가 꼬인다 싶어지면 그저 정중한 문체로 편지를 써서 보내놓고 무작정 기다린다. 문서로 모든 걸 처리하는 나라인 만큼 서명날인이 된 편지에 대해서는 반드시 답장을 해주기 때문이다. 몇 번에 걸친 시행착오 끝에 설치고 돌아다녀봐야 일을 더 망칠 뿐이라는 사실을 터득한 뒤로는 그저 죽치고 기다리는 법을 배우기 시작했다.

요즘은 기다리는 거라면 자신 있다.

다시 베를린

집에 돌아와 죽은 듯이 하루를 자고 나니 거짓말처럼 날씨가 좋아졌다. 네발 달린 동물로 치자면 난 아무래도 집에서 기르는 가축에 가까운 종인가 보다. 집으로 돌아와야 비로소 마음이 편안해진다. 스물 몇 살까지는 엄마 아버지가 있는 곳이 내 집이라고 알고 살았다. 요즘은 내 침대, 내 수저가 있는 곳이 내 집이라고 생각을 바꿨다. 생각을 바꾼 게 아니라 몸이 그렇게 반응한다. 여행을 하지 않으면 못 견디는 사람들, 역마살이 끼었다고 하는 사람들과는 정반대다.

인터넷을 뒤적거리다가 무심코 카프카를 불러봤다. 끝내 못보고 온 카프카 생가, 문이 닫혀있던 카프카 기념관이 아쉬워서였을까. '카프카' 라고 검색창에 단어를 입력했더니 놀랍게도 한글 웹페이지에는 1432개나 되는 글이 올라와 있다. 독문학자의 논문도 있고 대학 신입생의 교양과목 리포트도 보인다.

156

'20세기의 지진계' 라고 불리던 작가, 사후 백년쯤 지나면 이해될 것이라던 카프카가 이제는 한국에서 이 정도로 많이 알려져 있구나, 생각하니 새삼 감탄사가 흘러나온다. 프라하에 가서도 찾을 수 없었던 카프카가 이렇게 가까운 곳에 있었다니. 게다가 요즘 카프카는 술도 파는 모양이다.

업종별안내〉음식점/써비스)

카프카유흥지점

◈확트인공간 생음악사운드전문◈

☞하루의 스트레스를 유감없이 푸세요

비지니스접대,회갑연,결혼피로연, 칠순잔치,동창회,계모임,향우회 등

☎..............

짝사랑 유감

그다지 기억하고 싶지 않았던 프라하를 다시 만난 건 방구석에 처박아 두었던 흑백필름을 현상해놓고 나서였다. 돌아오는 날, 기차출발시각을 세 시간 남겨두고 난 마치 의무 방어전을 치르듯 남아있는 필름을 전부 다 써버렸다. 거의 무의식적으로 찍어놓은 프라하를 일주일이 지나 현상해놓고 보니 온통 사람들 모습밖에 보이질 않는다. 그 흔한 고성도, 강가의 절경 하나도 없다. 그런데 그 속에서 뭔가 보이는 것도 같다. 내가 스스로 감지할 수 없었던 나의 본심이 드러난 것만 같다. '그랬구나. 난 프라하 사람들을 만나보고 싶었구나.'

첫날밤 방을 빌려주었던 아르바이트 대학생 아가씨의 자로 잰 듯한 친절과 유창한 영어만으로는 프라하를 가늠할 수가 없었다. 프라하에서 태어나 자란 아주 평범한 아줌마, 아저씨를 만나보고 싶었다. 하지만 낯선 이방인 하나가 불쑥 끼어들어서 관심을 보인다고 얼굴을 '쓰윽' 내밀고 본색을 내보여주는 도시가 아니었다. 어딜 가도 온통 관광객들뿐이었다.

7시 저녁뉴스에서, 영화 속에서, 배낭여행을 와서, 우리들은 끊임없이 런던을 배우고, 파리를 사랑하고, 로마의 휴일을 꿈꾸고, 프라하의 야경을 잊지 못한다. 그런데 난 그 모든 게 왠지 짝사랑 같다. 상대가 자길 어떻게 생각하는지도 모르면서 마구마구 답장 없는 연애편지를 날려 보내는 조건 없는 사랑, 무분별한 열정 같다. 하지만 피드백이 없는 사랑이고 열정이다. 자꾸 그런 생각이 든다.

짝사랑에도 등급이 있다면 그래도 런던은 그 중 제일 나은 상대다. 길거리에 5분만 서있어도 꼭 누군가 다가와서 먼저 말을 건다. 파리는 요염하다. 남자건 여자건 알 수 없는 눈웃음을 흘리며 유혹한다. 이태리는 언제나 시끄럽고 북적댄다. 생기가 있다. 그런데 프라하는, 프라하는, 표정이 없다. 그래서 더 애간장이 탄다. 기차를 타고 빠져나올 때는 그저 내가 살고 있는 도시 베를린으로 돌아가고 싶단 생각뿐이었다. 아마 자존심이 상했던 모양이다. 그런데 서서히, 그런 생각도 든다. 언제고 다시 한 번 돌아가서 그 마음을 돌려놓고야 말리라. 그게 애증인지, 질투심인지, 막연한 오기인지는 아직 모르겠다.
아직은 잘 모르겠다.

폴란드 낙오자들의 클럽

베를린에 온지 얼마 안 되었을 무렵, 한 소극장에서 연극 조연출로 일하고 있을 때였다. 지금은 작고하신 당시 극장장 할머니께서 하루는 소녀처럼 어색한 표정으로 내게 데이트 신청을 하셨다.

"미스터 리, 당신도 앞으로 독일에서 살아가려면 다양한 계층의 사람들을 사귀어두어야 할 거에요. 이번 주말에 시간 어때요? 내가 사람들을 소개시켜줄게요."

그때만 해도 난 다양한 계층의 사람들을 만나는 건 고사하고, 나보다 먼저 유학 온 사람들에게 김치 담그는 법을 배우거나, 아님 서른 가까운 나이에 창피함을 무릅쓰고 자전거를 배우느라 하루에도 몇 번씩 무릎이 까지고 있는 중이었다. 다른 계층의 사람들이라니, 그런 건 안중에도 없었다.

베를린의 상류사회

주말오후, 오랜만에 입어보는 어색한 양복에 넥타이까지 매고 따라나섰다.

KLUB DER POLNISCHEN

WURSTMENSCHEN

Leszek Herman Oświęcimski

극장장 할머니가 날 데려간 곳은 유명화가의 전시회장이었다. 그림이 많이 걸려 있었지만 갤러리라기보다는 변호사, 국회의원, 의사, 성공한 사업가들이 모이는, 말하자면 베를린 상류사회의 모임이었다. 그림에 대한 식견은 사람마다 참 각지각색이었지만, 정작 그보다 중요한 건 서로의 안부를 묻고 사교를 다지는데 있는 것 같았다. 한 병에 몇 만 원쯤 하는 와인과 그보다 몇 배는 더 비싼 샴페인이 사방에 공짜로 널려 있었다. 아무튼 그 때의 인연으로 알게 된 몇몇 '어른들' 덕분에 지금도 1년에 한두 번 정도는 파티에 초대 받아가는 일이 생기곤 한다.

저녁뉴스에서나 가끔 보이던 사람들을 직접 만날 수 있는 그런 자리를 싫어할 이유는 없지만 그래도 힘든 건 하나 있었다. 누군가 별로 웃기지 않은 얘기를 해도 다른 사람들과 정확하게 템포를 맞춰서 품위 있게 함께 웃어주는 일. 썰렁한 얘기라고 누군가 핀잔을 주거나 하는 일은 죽어도 일어나지 않았다. 하지만 뭐 평소에 구경도 못해본 고급 요리와 비싼 술을 공짜로 실컷 먹고 마시다보면 누가 아무리 썰렁한 얘기를 해도 웃음은 쉽게 나올 때가 더 많았다.
가끔은 소질이 없어도 누구나 배우가 되는 순간이 있다. 그러지 않고도 이 세상을 살아내는 사람을 난 아직까지 한 번도 본 적이 없다.

그렇지만 지금까지 베를린에 살면서 내가 주로 만나온 사람들은 다양한 계층의 사람들이 아니라 다양한 색깔의 예술가들이다. 그리고 그들 가운데에는 돈이나 명예, 뭐 그런 걸 기준으로 보자면 사회에서 낙오자축에 속하는 사람들이 훨씬 더 많았다. 그림을 그리면서 부업을 해서 생계를 유지하는 무명화가도 많이 만났고, 청중보다 밴드 멤버의 수가 더 많은 콘서트장의 빈자리 하나를 채워준 적도 여러 번 있었다. 한때는 잘 나가던 예술가였다고 자신을 소개하지만 내가 보기엔 한 번도 잘 나가본 적이 없었을 게 분명한 룸펜에게 내 주머니를 톡톡 털어서 맥주를 사준 적도 있다. 그런데도 난 그들이 편했다. 그들과 함께 어울릴 때면 숨통이 트이는 것 같았다.

요즘도 난 시간이 날 때마다 주로 이름 없는 뒷골목을 먼저 뒤진다. 어제만 해도 그랬다. '폴란드 낙오자들의 클럽'이란 독특한 이름에 이끌려서 처음 발을 들여놓은 동베를린의 토어 슈트라쎄(tor str.)에는 한번도 '떠보지 못한' 예술가들이 모여 살고 있었다. 동서독 통일 전에는 러시아 사람들이 주로 모여드는 소위 '러시안 구역'이었지만 지금은 폴란드 예술가들이 더 많이 모여드는, 그런 동네였다.

폴란드 낙오자들의 클럽

낙오자 클럽에서 제일 먼저 만난 사람은, 마약에 절어서 요절한 파스빈더(R. W. Fassbinder) 감독이 아직 쌩쌩하던 시절의 모습을 쏙 빼닮은 녀석이었다. 과묵하면서도 시니컬한 분위기가 느껴지는 이 녀석과는 왠지 일이 잘 안 풀릴 것 같았다. 아니나 다를까. 혼자서 클럽을 돌보고 있던 녀석은 내가 묻는 말에 단 한마디도 곱게 대답해주지 않았다. 나름대로 온갖 아부와 농담으로 꼬드겨 봤지만, 한 여름에 목까지 올라오는 스웨터와 두꺼운 양복바지로 무장한 녀석의 거만하고 무뚝뚝한 스타일은 해제될 기미조차 보이지 않았다. 콜라에 걸신이라도 들렸는지 녀석은 일하는 내내 쉬지 않고 콜라를 마셔댔다. 녀석이 다섯 병째 콜라를 마실 때쯤 난 '그냥 공연이나 보다 가지 뭐' 하는 마음으로 녀석을 포기했다. 그리고 두 병째 맥주를 주문했다. 주문을 받을 땐 녀석도 조금 얼굴이 누그러졌지만 그 시간은 불과 1초도 되지 않았다.

맥주 한 병만 더 마시고 그만 자리를 떠야겠다고 생각할 무렵에 그 남자를 우연히 만났다. 화장실 앞에 나란히 서서 차례를 기다리던 한 남자가 컬컬한 목소리로 뭐라고 내게 말을 걸어왔다. 난 남자에게 다짜고짜로 물어보았다. "폴란드 사람이에요? 당신, 낙오자에요?" 장난기 섞인 내 질문에 남자가 컬컬하게 한번 웃더니 전직 보도사진기자라고 자신을 소개했다.
"아저씨, 먼저 일보고 나가서 좀 기다려요. 금방 따라갈게요."

남자와 한 시간쯤 떠들었다. 아니, 남자의 얘기를 일방적으로 들어주었다고 하는 게 더 맞다. 남자의 얘기는 주로 20여 년 전, 아직 동구 사회주의가 무너지기 전 얘기였다. 폴란드 대학에서 역사학을 전공하던 남자는 반정부 학생운동에 가담했고, 블랙리스트에 올랐다고 했다. 하루는 국경 검문소에서 일하던 절친한 친구가 남자에게 정보를 흘려줬다. 요지는 남자가 지금 심각한 상황에 처해 있다는 것, 지금 당장 자기에게 와서 여권을 받아서 탈주하지 않으면 앞으로 곤란한 입장이 될 거라는 얘기였다. 그 날 저녁, 남자는 보드카 한 병을 사들고 친구를 찾아가서 압수당했던 여권을 돌려받고, 보드카 한 병을 친구와 비우고, 그 길로 서베를린으로 탈출했다고 했다.

"여자친구가 있었어. 성공을 꿈꾸는 야망 있는 여배우였는데, 어차피 그 여자친구 때문에 숨이 막혀서 미쳐버리기 직전이었거든. 미련 없이 폴란드를 떠났지."
"그런데 왜 하필이면 베를린에 정착하셨나요?"
"원래 독일 남부도시에 내려가서 살 생각이었는데, 막상 내려가 보니까 도시가 너무 깨끗하고 도대체 빈 구석이 보이질 않는 거야. 왠지 낯설고 어색해서 다시 베를린으로 돌아왔더니, 도시가 허술하고 지저분해 보이는데, 이 분위기가 내겐 익숙하더라. 그래서 여기 눌러앉았어."

"그때 그 친한 친구는 어떻게 됐어요? 국가공무원이었으면 사회주의가 몰락한 이후에 살기 힘들어졌나요?"

남자가 씁쓸하게 웃었다.

"그 친구는 아직도 공무원으로 잘 먹고 잘 살아. 사는 게 다 그런 거지 뭐…."

도로 방향으로 난 창가의 테이블을 치우고 적당히 마련한 무대에서는 3인조 재즈밴드가 벌써 두 시간 째 어설픈 프리재즈를 연주하고 있었다. 재즈광인 내 귀조차 더 이상 버티지 못하고 힘겨워질 무렵, 창 너머로 진눈깨비가 뒤덮인 거리풍경이 눈에 들어왔다. 아니, 내 눈에는 그렇게 보였다. 가로등 불빛에 반사된 도로가 착시효과를 일으켰을 뿐이라는 걸 알고 있었지만 내 눈에는 영락없이 눈이 뒤덮인 음산한 겨울처럼 보였다. 왜 그랬을까….

아마도 지난겨울, 터무니없는 객기로 훌쩍 감행했던 여행에서 만났던 폴란드 북단, 그단스크란 항구도시의 을씨년스런 풍경이 마음속에서 덜 녹았는지도 몰랐다. 한 여름에 베를린에서 만나도 폴란드란 나라는 내게 아직도 추운 나라였다. 그러고 보니 남자도 꽤 추워 보였다. 파스빈더를 닮은 그 녀석처럼 이 남자 역시 한 여름에 긴 팔 스웨터를 입고 있었다.

'폴란드 낙오자들의 클럽'이라는 이름에도 의미가 있다고, 남자가 설명해주었다. 자기도 나름대로 잘 해보고 싶었는데 일이 안 풀려서, 혹은 능력이 모자라서 어찌어찌 성공하지 못한 사람들이 하나 둘씩 모여드는 곳이라고 했다. 그렇게

Das kleine Manifest

Unsergleichen gibt es nicht viele in der Stadt. Ein paar nur, vielleicht einige zehn. Der Rest, das sind Menschen des Erfolgs, kühle und kaltblütige Spezialisten – was immer sie auch tun, das tun sie bestens.

Wir – die Schwachen, weniger Begabten, können kaum etwas erwirken; die Milch

찾아와서 연주도 하고 전시도 할 수 있는 공간이 낙오자 클럽이라고 했다. 남자의 입에서 술 냄새, 담배 냄새가 진동을 했다. 1, 2년 정도 배어서 나오는 냄새가 아니었다. 컬컬거리고 웃을 때마다 남자의 얼굴이 묘하게 일그러졌지만, 남자는 끝까지 미소를 잃지 않았다. 헤어질 때까지도 난 남자에게 지금 무슨 일을 하느냐고 물어보지 않았다. 물론 이름도 묻지 않았다.

상류사회가 엄연히 존재하지만 낙오자들에게도 관대한 대도시는 흔치 않다. 그래서 난 베를린이 편하기도 하고, 그래서 불안하기도 하다.

폴란드 낙오자 클럽: www.polnischeversager.de
폴란드 포스터 갤러리: www.pigasus-gallery.de

해피 투게더

또 공항에 다녀왔어요. 이번엔 한국에서 친구가 찾아왔거든요. 몇 번 얘기한 적 있죠? 놈이 〈리빙 라스베가스〉란 영화를 너무 좋아해서 누나한테 얘기할 때마다 그냥 '라스베가스' 라고 부르던 그 놈이요.
두주일 전쯤인가, 한국에서 전화를 받았어요. 1년만이었어요. 날 만나러 오겠다고 하데요. 그러라고 했어요. 난 이래서 바쁘다, 저래서 곤란하다, 뭐 그렇고 그런, 언제나 내가 잘 써먹던 대사 다 생략하고, 그냥 오라 그랬어요. 그랬더니 놈이 정말로 왔어요.

놈은 한 달 쯤 머물다 가겠다고 했어요. 짐을 풀자마자 우린 집 앞 블루스카페에 가서 지칠 때까지 맥주와 데킬라를 번갈아 마시다 들어왔어요. 그리고 난 이제부터 내가 보지 못한 놈의 지난 3년과, 놈은 내가 이곳 독일 땅에서 지낸 3년과 많이 싸워야 할 것 같아요.

HIER RUHT IN GOTT
ORESTE MACCAGNO
* 27·7·1899 † 10·11·1980
ELISABETH
STETZ
1887
1978

나는 새 셔츠를 입고 얼룩이 묻지 않은 쪽의 청바지를 입고 양말을 신고 머리를 브러시로 빗었다. 그래도 열일곱 살 때 느낀 일요일 아침의 분위기는 돌아오지 않았다. 당연한 얘기다. 누가 뭐래도 난 분명히 나이를 먹어온 것이다.

–양을 둘러싼 모험–

좀 더 정확하게 말하면 3년이 아니라 16년이에요. 16년, 그동안 놈과 나는 단 한 번도 제대로 의견의 일치를 본 적이 없어요. 고등학교 때부터 우린 만나면 불과 반나절을 못 견디고 싸우기 시작했어요. 그런 걸 싸움이라고 할 수 있는지 모르겠지만 암튼 우린 늘 서로의 모습에 만족하지 못했고, 그래서 우정이라는 이름으로 늘 서로에게 변화를 강요했어요. 놈은 사소한 일에 지나치게 신경을 쓰고 집착하는 내 스타일을 싫어했고 난, 주변을 돌보지 않고 언제나 거칠게 자기가 아는 진실만 들여다보는 놈을 힘들어했어요.

열일곱에 만나 서른을 슬쩍 넘어버린 우리 두 사람은 지금 각자 어디쯤 서 있는지 조금씩 궁금하기도 해요. 내가 보지 못하는 나를 놈에게 보여줄지도 모르겠어요.

놈이 와서 제일 먼저 한 일은 중고 자전거 한 대를 사는 일이었어요. 지하철을 죽도록 싫어하는 놈은 베를린에 온 다음날 벼룩시장에서 5만원을 주고 하얀색 중고 자전거를 샀어요.

거짓말처럼 햇살이 좋은 9월의 마지막 날, 둘이서 자전거를 타고 온 시내를 누비고 다니다가 문득, 독일에 와서 처음으로 정말 행복하다는 생각이 들었어요. 하지만 아직도 난 놈이 귀찮아 죽겠어요. 요즘은 놈이 코고는 소리 때문에 밤마다 꼭 잠을 설쳐요.

이틀 째 되던 날 결국은 놈이 그랬다.
"네 침대에서 노린내가 나."
내 침대에서 노린내 나는 여자가 잔적은 없었다.
적어도 내가 지금 쓰고 있는 침대에서는 그랬다.
그런데 놈은 노린내가 난다고 했다.
알 수 없는 일이다.
지금도 재수가 없는 날이면, 마늘냄새가 난다고
무시하는 인간들을 만나는 수가 종종 있다.
그런데 놈은 내 침대에서 노린내가 난다고 했다.

첫 날밤부터 우리가 부딪치기 시작한건, 이를테면 이런 거예요. 놈은 아무나 보면 반갑게 인사를 하면서 정중하게 고개를 숙여요. 그런데 난 그런 모습을 그냥 봐 넘기지 못해요.
왜 그러냐하면요, 서양 사람들은 아시아에서 온 사람들은 전부 다 친절하고 전부 다 살살거리고 잘 웃는다고 알고 있어요. 얼핏 들으면 좋은 얘기 같지만 꼭 그렇지만은 않은 게, 속도 없는 인간으로 보는 수가 많거든요. 그리고 놈은, 나이가 열 살은 많아 보이는 어른한테 손을 내밀며 인사를 건네는 내 모습을 싫어해요. 놈은 내가 많이 변했다고 생각해요. 하지만 내가 왜 그러고 살아야만 했는지를 설명하기 위해서는 아라비안나이트보다 긴 이야기가 필요할거고 난 그러고 싶은 마음이 별로 없어요.

오늘은 둘이서 공동묘지에 갔어요. 햇살이 쏟아지는 늦은 아침, 놈이 차려주는 아침밥을 먹다가 문득 그런 생각이 들었어요. '빨래방에 갈 때마다 지나치던 길가에 보이던 공동묘지, 거길 한번 가보자….' 자전거를 타고 열심히 달리면서도

놈은 내게 어딜 데려가는 거냐고 묻지 않고 그냥 따라왔어요. 그리고 우린 아무 말 없이 사진만 찍다가 돌아왔어요.
독일의 공동묘지는요, 굉장히 예뻐요. 미안한 얘기지만 그렇게밖에 표현이 안 돼요. 비석마다 참 다양한 색깔, 다른 모양, 그리고 어떤 비석에는 사진도 붙어 있어요. 우린 돌아와서도 별다른 얘기를 하지 않고 그냥 저녁을 먹었고, 그리고 또 블루스카페에 가서 돈이 떨어질 때까지 술을 마시다 들어왔어요.

놈이 공동묘지에서 깊은 인상을 받았다는 건, 내가 선잠이 들고 나서 놈이 한국에 전화 거는 소리를 얼핏 흘려듣다 알았어요. 놈은 술에 찌든 목소리로 서울에 있는 후배에게 전화를 걸었고, 전화통을 붙잡고 한참 술주정을 하던 놈이 그랬어요.

"아무개야, 근데, 근데 말이다. 오늘 친구랑 묘지엘 갔었거든. 그런데…, 끄으으윽, 그런데 말이다. 으윽, 그 묘지가 말이다. 차아암 이쁘더라. 굉장히 이쁘더라…"

어쩌면 놈은 나중에 한국에 돌아가서 그런 생각을 할지도 모르겠어요.

"서양 사람들은 죽어도 차암 이쁘게 죽데요."

놈은 언제나 그렇게 말했다.

"난 독일이 좋은 게 아니라 네가 여기 있어서 좋은 거야."

지금까지 독일에 사는 몇 년 동안 참 많은 사람들이 다녀갔어요. 그 가운데 대부분은 이런저런 기억들만 흘려놓고 돌아가 버렸고요. 한번은 생전 처음 들어보는 달콤한 프러포즈를 하고 일주일 만에 한국으로 돌아가 버린 여자도 있었어요. 그리고는 몇 번인가 부산 남포동의 대폿집에서 술에 취한 전화가 걸려왔었지만 그게 다였어요.
멀리 떨어져 있다는 건 이런 거예요. 그저 순간에 충실하는 수밖에 없어요.
그 이상 정을 줄 수도, 받을 수도 없어요.

하루는 놈이 문득 아침에 눈을 뜨자마자 그런 얘기를 하데요.
"아, 참. 난 다시 돌아가야 하지. 왠지 괜히 찾아온 것 같구나. 미안하다 친구야."
그리고 난 놈에게 괜찮다고 말해주지 못했어요. 난 거짓말을 못하거든요.

지난 일주일 동안 우린 블루스카페에 단 하루도 결석하지 않았다.
놈은 하이네켄을 두병쯤 비우고 나면 데킬라를 마시기 시작했고,
난 언제나처럼 벡스만 마셨다.

오늘 저녁엔 블루스카페에 사람이 별로 없었어요. 하긴 그렇다고 특별히 사람들이 북적댄 적도 없었지만요. 언제나 때 묻은 청조끼를 입고 다니는 제롬이 휘청거리며 카페에 들어설 때부터 왠지 불안했어요. 오늘따라 왠지 독이 잔뜩 오른 늙고 추한 뱀 같은 표정이었거든요. 저런 날은 그저 옆에 앉지 않는 게 상책인데 하필이면 내 옆에 와서 앉데요.
독일에 36년째 살고 있다는 이스라엘 사람 제롬은 내 얼굴에 사정없이 침을 튀기면서 얼굴을 들이밀고 떠들었어요. 제롬은 베를린을 저주하고 유럽 전체를 욕했어요. 독일이 예전 같지 않다는 얘기도 했고 동유럽이 전부 자본주의에 물들어서 썩어버렸단 얘기도 다섯 번 쯤 했던 것 같아요. 그리고 자긴 이제

유럽이 싫다고, 파리도, 암스테르담도 굳이 다를 건 없다고 했어요. 그렇지만 자기가 이스라엘로 돌아가려는 건 고향에 사는 처남이 좋은 일자리를 마련해 놓았기 때문이라는 얘기도 결국 흘리고 말았어요. 제롬은 내게 조만간에 베를린을 떠나겠다고 장담했어요.

정말로 제롬은 베를린을 떠날 수 있을까요? 정말로 일주일 뒤쯤 입버릇대로 이스라엘에 돌아가서 돈 잘 버는 일을 하고 있을까요? 모르겠어요. 모르겠어요.

> "보영은 항상 말한다. '우리 다시 시작하자.' 우리는 잠시 함께 하지만 자주 깨어진다. 그러나 그가 다시 시작하자고 말할 때면 그에게 돌아가 있는 나 자신을 발견하게 된다. 우리는 홍콩을 떠나 아르헨티나에 도착하였다."
>
> – 해피 투게더

누나가 얘기하던 〈해피 투게더〉란 영화 있죠? 문득 놈을 마중하러 공항으로 가는 버스 안에서 밑도 끝도 없이 '해피 투게더' 란 말을 중얼거려봤어요. 놈이 온다. 놈이 날 만나기 위해서 비행기를 열 시간 타고 베를린으로 온다…. 우린 함께 있으면 정말 해피할 수 있을까. 아니면 서로 참 많이 좋아하면서도 끝내 한 발작도 더 다가설 수 없는 건 아닐까.
영화에서 왜 그런 장면 있었지요. 보영이 고집을 부려서 함께 조깅을 하러 나갔던 아휘가 지독한 독감에 걸려서 결국 앓아눕게 됐는데, 그때 보영이 이렇게 말하잖아요.

"좀 어때?"

"죽겠어."

"와, 열이 많이 나네?"

"당연하지. 그렇게 추운 날 조깅을 했으니,"

"일어날 수 있겠어?"

"뭐하게?"

"요리 좀 해줘. 이틀 동안 아무 것도 못 먹었어."

"야, 너도 사람이냐? 아픈 사람에게 요리를 해 달라고?"

다음 장면, 기억하죠? 아휘가 일어나서 이불을 뒤집어쓰고 요리를 하잖아요. 난 놈이 많이 귀찮아요. 내일이라도 당장 한국으로 돌아가 버리면 좋겠단 생각을 매일 해요. 놈은 자기가 '따뜻한 사람' 이라고 말했어요. 그런 놈을 난 비웃어

줬고요. 그런데요, 누나, 어쩌면 난 놈이 독일을 떠날 때쯤 내 방에 잠시 머물던 온기가 함께 떠났다는 걸 인정하게 될지도 모르겠어요. 아주 조금은요. 왜냐하면요, 난 지금 놈과 함께 있는 지금 이 시간이 참 해피하거든요….

에필로그

2006년 4월, 다시 베를린 타헬레스

서울로 돌아온 지도 어느덧 3년이 지날 무렵, 이탈리아 볼로냐 아동도서전 출장을 마치고 초죽음이 된 몸으로 프랑크푸르트를 경유하는 인천행 비행기에 올랐다. 그리고 프랑크푸르트 공항, 난 1분이라도 빨리 서울로 돌아가고 싶어 하는 일행을 뒤로 하고 혼자서 다시 기차를 탔다. 3년 만에 친구들을 만나러 가는 베를린, 이제는 유학생이 아니라 북에이전트의 신분으로 다시 찾아가는 베를린이었다. 기차가 동물원역에 멈춰 설 땐 20년 만에 친정집을 처음 찾아온 막내딸처럼 눈물이 왈칵 쏟아질 뻔 했다.

유학생 친구가 비워준 기숙사 방에 짐을 풀자마자 난 만사를 제쳐두고 제일 먼저 타헬레스를 찾아갔다. 마음속에 두고 늘 그리워하면 언젠가는 그렇게 또 다시 만나는 게 사람의 인연일까. 카페 차파타에서는 더 이상 서빙을 하지 않는 파올로가 우연히 들러서 맥주를 마시고 있었고 3층에는, 레자가 있었다.

예술가들의 공장 매뉴팩처가 폐쇄되고 레자는 어디론가 쫓겨났단 소문을 전해들은 적이 있다. 2년 전에 들은 얘기였다. 난 그래도 혹시 누군가 아는 친구를 만날지도 모른단 기대와 와인 한 병을 가슴에 안고 이리저리 복도를 기웃거렸다. 하지만 역시나 아는 얼굴은 더 이상 없었다. 매뉴팩처가 있던 자리에도 온통 낯선 얼굴의 예술가들뿐이었다.

거의 포기하고 돌아서려는 순간, 저만치 복도 끝의 작은 아틀리에 문이 열리더니 누군가 고개를 내밀었다. 그리고는 멀끔히 날 쳐다보며 외쳤다.

"할로! 동, 오랜만이야."

3년이란 세월이 3일도 안 되는 듯, 서울에서 찾아온 나를 레자가 반겨주었다.

나 역시 아무렇지 않게 인사했지만 속으로는 눈물이 날 것처럼 반가웠다.

아직 안 쫓겨났구나. 죽지 않고 살아있었구나….

밤새도록 TV를 틀어놓지 않으면 잠을 못자는 레자는 내가 베를린을 떠난 이후 중고 TV를 세 번 갈아치웠다고 했다. 레자에게 1년이란 시간은 어디선가 또 중고 TV를 구해 와야 할 때가 되었다는 걸 의미한다. 레자는 3년 전 그때처럼 다 찢어진 소파에 파묻혀서 물끄러미 TV를 보고, 난 옆에서 훌쩍거리며 와인 한 병을 거의 혼자서 다 마셨다.

그리고 3년 전 그때처럼 난 또 다시 타헬레스를 떠났다.

'레자, 언젠가 내가 또 다시 찾아올 때까지 죽지 말고 살아만 있어. 길에서 횡사라도 하면 안 되니까 아무리 쫓아내려고 해도 나가지 말고 꿋꿋하게 버텨. 그까짓 관리비 좀 안내면 어때. 그냥 버티는 거야. 알았지?'

Berlin
Stadt des Friedens

이동준의, 베를린 누드 토크

come in free
NO
4 a NEWORLD...
No touris
(only the rich-